Lissabon

Eine Stadt in Bewegung – mehr als Fado, Fußball und Alfama

Liebe Leserin, lieber Leser,

die Stadt, von der zu Beginn der Neuzeit die portugiesischen Entdeckungsreisenden auszogen, um eine neue Welt zu erobern, ist heute selbst zum beliebten Gegenstand der Erkundung geworden. Junge Menschen aus Portugal und ganz Europa erobern die ehemaligen Docks am Tejo, wo das frühere Hafengelände sich zu einer aufregenden Meile des Nachtlebens entwickelt hat. Bildungshungrige besichtigen die großartigen Bauwerke der Manuelinik, das Hieronymos-Kloster, den Turm von Belém und die Königsschlösser in Sintra. Sommerurlauber lassen sich treiben im Strom mediterraner Lebensart und genießen Lissabon als Ganzes.

Für uns, die MERIAN-Redaktion, war Lissabon ein Ort, den wir durch die Augen einer Gruppe junger Fotografiestudenten neu entdeckt haben. Fünf Absolventen der Fotoschule am Schiffbauerdamm in Berlin und ihr Lehrer haben die Bilder dieses Heftes produziert, erarbeitet – man möchte sagen „erlebt". In wochenlanger, geduldiger und intensiver Arbeit sind die fünf in Portugals Hauptstadt eingedrungen und haben sich mit ihr eins gemacht. Dabei sind Stücke gelungen wie das empathische Porträt des Lebens der afrikanischen Einwanderer, über den traditionellen Fado-Gesang und den Alltag in der Altstadt, die professionellen, altgedienten Fotografen so gar nicht möglich gewesen wären.

Eine ganze MERIAN-Ausgabe von einer Gruppe junger Fotografen produzieren zu lassen, war ein Versuch. Für die MERIAN-Redaktion ebenso ein Stück Neuland wie für die jungen Fotografen. Wir meinen, das Experiment ist geglückt. Aber machen Sie sich bitte selbst ein Bild.

Viel Spaß beim Lesen und Betrachten.

Herzlich, Ihr

Andreas Hallaschka
MERIAN-Chefredakteur

LISSABONS WAHRZEICHEN, der Turm von Belém und die Brücke des 25. September, meisterlich ins Bild gesetzt von Lukas Spörl (rechts). Außerdem haben fotografiert (v. links): Catherine Rocke, Leona Goldstein, Barbara Löschnig, Lehrer Jörn Vanhöfen und Marei Wenzel von „Fotografie am Schiffbauerdamm" in Berlin

>> Mehr MERIAN im Internet: www.merian.de

INHALT

Lissabon

RUBRIKEN

SEITE 14

LISBOA VERZAUBERT!

Die Stadt der sieben Hügel bietet viele interessante Perspektiven. Den vielleicht schönsten Blick hat man vom Castelo São Jorge, über die Dächer der Stadt zum Tejo mit der Ponte 25 de Abril

SEITE 98

AUSFLUG ANS MEER

Die Atlantikküste zeigt sich in Stadtnähe abwechslungsreich: mal schroffe Felsen, mal klassische Bäderarchitektur, mal feinster Sandstrand – aber immer mit toller Brandung

MERIAN | Info >> SEITE 110

>> Titelthemen

SEITE 70

KÖNIGLICHES SINTRA

Besuch im Lieblingsort der portugiesischen Könige – märchenhafte Schlösser und verwunschene Gärten

SEITE 94

AZULEJOS

Die bemalten Fliesen zieren Hauswände und Metrostationen. Azulejos geben der Stadt ein unverwechselbares und wunderschönes Gesicht

SEITE 30

SPIEGEL DER SEELE

Wer den Fado versteht, der versteht Portugal. Ein Streifzug durch die kleinen Fado-Lokale Lissabons

SEITE 44

ALFAMA

Das Altstadtviertel: etwas heruntergekommen, aber charmant und reizvoll

„Ganz schön heiß heute."

Fahren wird intensiver. Die

▶ Alles, was Sie noch interessieren wird, ist der Asphalt unter Ihren Rädern. Denn die C-Klasse der neuen Generation hat das DIRECT CONTROL-Paket mit der spürbar direkteren Lenkung, dem noch präziseren Fahrwerk und der knackigeren 6-Gang-Schaltung. Außerdem erhalten Sie den kraftvollen C 230 KOMPRESSOR jetzt für alle Modellvarianten. Und jede C-Klasse

1959

1986

1993

2000

1959 gab es das erste und bisher einzige MERIAN-Heft über Lissabon. Die letzte Portugal-Ausgabe erschien 2000

2000

2004

STADION Zeitsprung

Am 6. August 2003 war es so weit: Mit einem Spiel gegen Manchester United weihte Sporting Lissabon das neue Estádio Alvalade XXI ein. Zuvor musste das alte Stadion aus dem Jahr 1956 (wurde in den Achtzigern erweitert, Foto links oben) weichen. Der portugiesische Stararchitekt Tomás Taveira entwarf den neuen Fußballtempel, 79 Millionen Euro kostete der Bau. Taveira versuchte beim Bau des Stadions, Nostalgie und Modernität, Realität und Virtualität zu vereinen. „Architektur muss motivierend sein, fröhlich und glamorös. Sie darf niemanden gleichgültig lassen", so Taveira. Ganz wie der Fußball.

Portugals EM-STADIEN

1. Estádio da Luz, Lissabon, 65 272 Plätze
2. Estádio Alvalade XXI, Lissabon, 50 300
3. Estádio Dragão, Porto, 50 106
4. Estádio A. Henriques, Guimaraes, 34 600
5. Estádio Municipal, Aveiro, 31 498
6. Estádio Algarve, Faro, 30 305
7. Estádio Cidade, Coimbra, 30 216
8. Estádio Municipal, Braga, 30 200
9. Estádio do Bessa, Porto, 30 000
10. Estádio Dr. M. Pessoa, Leiria, 29 771

IM FADO ZU HAUSE Mariza

„Lissabon ist mehr als meine Stadt, es ist mein Haus. Es vereint alles, was ich bin." Gleiches gilt für den Fado der jungen Sängerin: „In meiner Musik fühle mich ebenso zu Hause wie in Lissabon. **Denn sie spiegelt mein Innerstes,** alle meine Gefühle." Mariza ist in Lissabons Altstadtviertel Mouraria aufgewachsen. Der traditionelle Gesang Fado war in dem ehemaligen Maurenbezirk so normal wie der Duft gebrannter Maronen und gegrillter Sardinen. Da hätte es gar nicht des Lokals ihrer Eltern bedurft, in dem Mariza die geheimnisumwobene Musik Nacht für Nacht aufsog, bis sie selbst anfing zu singen. Rasant kletterte sie an die Spitze der nationalen Charts und begeisterte das Ausland: **2003 zeichnete die BBC sie als beste europäische Stimme aus.** Die ätherisch wirkende Mariza mit ihren wasserstoffblonden Haaren verbindet neues portugiesisches Selbstbewusstsein mit alten Traditionen: „Je mehr Lissabon sich zu einer modernen Stadt entwickelt, desto stärker sehnen sich die Einwohner nach ihren Wurzeln." Dafür ist Mariza das beste Beispiel: Sie geht moderne Wege, singt ihren eigenen Fado. „Ich respektiere die Vergangenheit, aber ich glaube, dass Fado sich entwickeln muss."

Aktuelle CD: Fado Curvo, erschienen bei World Connection/Edel Contraire.

1000 Routen und ein Ziel:
Kultiviertes Reisen mit Studiosus
Studiosus-Reisen erweitern vom ersten Tag an Ihren Blick auf die Welt und schaffen unvergesslich intensive Eindrücke.
Wählen Sie aus dem größten Studienreise-Angebot Europas. Erleben Sie über 100 Länder in ihrer ganzen Vielfalt: Sehenswürdigkeiten und Kultur, Märkte, Strände und die Menschen.
Intensiverleben
Fordern Sie jetzt kostenlos unsere aktuellen Kataloge an:
Per Telefon 00 800/24 01 24 01
(Gebührenfrei für D, A und CH)
Oder Internet www.studiosus.com
Studiosus

TIEFENRAUSCH

Unter**wasser**welt

Kabeljau quicklebendig in den Weiten des Ozeans – so mancher Portugiese hat sein Leibgericht noch nie ohne Zitrone und Rosmarin gesehen. Im Oceanário de Lisboa, dem größten Aquarium Europas, schwimmt der *bacalhau* noch munter durch den Nordatlantik. Der ist natürlich auf ein riesiges Glasbecken begrenzt und eine von fünf Unterwasserlandschaften aus allen Weltmeeren. Etwa 15 000 Tiere tummeln sich in sieben Millionen Litern Salzwasser: Hammerhaie, Seesterne, Pinguine und bunte Tropenfischschwärme. Der Bau des Oceanário wurde für die Expo 1998 entworfen. Das Gebäude ist von allen Seiten von Wasser umgeben, der Besucher wandert auf Fischaugenhöhe, jedoch trockenen Fußes durch die Anlage.
Doca dos Olivais, Tel. 218 91 70 02, tägl. 10-18 Uhr, Sommer 10-19 Uhr, Preise: Erw. 9 €, 4-12 J. 4,50 €, ab 65 J. 5 €, Familienticket 20 €.

SANTO ANTÓNIO

Hochzeit geschenkt

An jedem 12. Juni läuten in der Kirche Santo António da Sé in der Altstadt Alfama die Hochzeitsglocken. Und der Vater der Braut muss nicht einen Cent dazubezahlen. Seit 1958 geben sich am Feiertag des heiligen Antonio, des Schutzpatrons der Liebenden, zehn Paare auf Kosten großzügiger Lissabonner Firmen das Jawort. Feier, Aussteuer und Hochzeitsreise sind gratis, um ausgewählten mittellosen Paaren eine Heirat zu ermöglichen. Die Trauzeremonie ist ein Massenspektakel und wird auf einer Videoleinwand vor der Kirche übertragen. Zur Hochzeitsfeier im Parque Eduardo VII ist ganz Lissabon eingeladen.

MEISTERSTÜCK

Brückenschlag

Täglich rollen 350 000 Autos durch die Lissabonner Innenstadt, und über Jahre war die 2,3 Kilometer lange Brücke Ponte 25 de Abril (rechts) die einzige Verbindung über den Tejo. Die der Golden Gate Bridge nachempfundene Stahlkonstruktion schwebt imposante 70 Meter über dem Fluss. Seit der Expo 1998 sorgt die Ponte Vasco da Gama für Entlastung. Mit 17,2 Kilometern ist die Schrägseilkonstruktion die längste Brücke Europas und hält laut Ingenieur Michel Virlogeux sogar einem viermal stärkerem Erdbeben als dem von 1755 stand. Bis die Kosten von etwa 1,15 Milliarden Euro durch Mauteinnahmen gedeckt sind, müssen 2,25 Milliarden Autos passieren.

ZAHLENSPIEL

7
Hügel erheben sich in Lissabon, genau wie in Rom

11
Stunden scheint die Sonne durchschnittlich an einem Tag im Juli

12
Saiten hat die *guitarra*, das traditionelle Fado-Instrument

14,10
Euro kostet ein 7-Tage-Ticket der Metro

25
Personen passen in jede Kabine des Elevador de Santa Justa

40
Euro muss man für einen Quadratmeter Pflastermosaik bezahlen

95
Prozent der Lissabonner sind katholisch

500
Gramm Sahne kommen in die Füllung von 25 Stück Pasteis de Nata

2500
Restaurants bewirten Einheimische und Gäste

100 000
Portugiesen leben in Deutschland

2 000 000
Hotelgäste hat Lissabon jährlich

200 000 000
Menschen weltweit sprechen Portugiesisch

Beinahe **königlich**

Dieser freundliche Herr mit Schnurrbart, der hier mit seinen drei Kindern posiert, wäre eigentlich König von Portugal – wenn das Land noch eine Monarchie wäre. Aber die endete 1910 mit der Revolution. Heute lebt Dom Duarte in São Pedro de Sintra und vertritt Portugal bei vielen Anlässen, besonders die Landwirtschaft liegt ihm am Herzen. Aber auch ohne Krone ist allein sein Titel königlich: Seine Königliche Hoheit Dom Duarte Pio Nuno João Miguel Gabriel Rafael Herzog von Bragança, von Guimarães und von Barcelos, Markgraf von Vila Viçosa, Graf von Arraiolos.

ABGEDREHT **Filmkulisse** Lissabon

Lissabon ist Schauplatz zahlreicher Spielfilme. Besonders empfehlenswert:

1. **Erklärt Pereira,** Verfilmung des Buches von Antonio Tabucchi, mit M. Mastroianni
2. **Lisbon Story,** Wim Wenders poetischer Stadtrundgang glänzt mit wunderbaren Bildern
3. **Táxi Lisboa,** die Geschichte eines fast 100-jährigen Taxifahrers, Regie: Wolf Gaudlitz
4. **Lissabonner Requiem,** eine gelungene Tabucchi-Verfilmung, Regie: Alain Tanner
5. **Capitães de Abril,** Drama über die Nelkenrevolution, Regie: Maria de Medeiros

GÖTTLICH Himmlische **Aussicht**

Schützend breitet die riesige Christusstatue seit 1959 ihre Arme über der Stadt aus – viele Lissabonner deuteten die Geste spöttisch als mitleidiges Achselzucken über die Armut Portugals. Diktator António de Oliveira Salazar ließ das riesige Standbild am Tejo-Ufer nach dem Vorbild des Christus von Rio de Janeiro errichten. Heute ist der „Cristo Rei" beliebtes Ausflugsziel; mit einem Lift gelangt man auf seine 82 Meter hohe Plattform. Nirgends ist der Blick über Lissabon so überwältigend wie hier. Zu erreichen mit der Fähre von Praça do Comércio (alle 10 Min.) und Cais do Sodré (alle 30 Min.) nach Cacilhas, dann mit dem Bus Nummer 101 (alle 20 Min.). Geöffnet täglich 9.30-18 Uhr, Preis: 2 Euro

Alle Angebote unter www.europcar.de oder 0180 / 5 8000 (0,12 €/Min.)
Zum goldenen Hirschen
Die Welt ist prachtvoll.
Fahren Sie hin!*
*Weinanbau bei Heilbronn, Baden-Württemberg
Europcar
YOU RENT A LOT MORE THAN A CAR.

LISBOA

DIE KÖNIGIN DES TEJO

Eine Stadt, dem Meer zugewandt und einst die Hauptstadt der halben Welt. Eine Stadt, die sich heute als moderne europäische Metropole präsentiert und gleichzeitig ein wenig wehmütig ihrer großen Vergangenheit nachhängt. Eine Stadt, geprägt auch von den Zugereisten, den Einwanderern aus den alten Kolonien: ein melting pot. Eine zauberhafte Stadt, eine Stadt zum Verlieben

Fotos: Lukas Spörl

Abend am Tejo: Angler versuchen ihr Glück vor der hell erleuchteten Torre de Belém, dem Symbol der überseeischen Hoffnungen Portugals

NAH AM WASSER GEBAUT – FERNWEH, BEI JEDEM BLICK AUF DEN FLUSS

Über die Dächer der Unterstadt schaut man bis zum Tejo. Rechts, fast am Flussufer, die Câmara Municipal, das im neoklassizistischen Stil erbaute Rathaus Lissabons

Azulejos, bemalte Fliesen, verzieren viele Hausfassaden. Oft, wie hier in der Alfama, sind historische Begebenheiten darauf abgebildet

HERRLICH ALTMODISCH – FLIESEN, TRAM UND GUSSEISERNE AUFZÜGE

Die berühmte Lissabonner Straßenbahn rumpelt seit 1902 quer durch die Stadt. Oft geht es, wie hier in der Nähe der Basílica da Estrela, dicht an Wohnhäusern und Cafés vorbei

Foto: Guy Vanderelst

Auf und ab seit 1902: Der Elevador de Santa Justa vebindet die Unterstadt (Baixa) mit dem Chiado, dem klassischen Einkaufsviertel und der Oberstadt (Bairro Alto). Die Eisenkonstruktion stammt von Raoul Mesnier de Ponsard, einem Schüler Gustave Eiffels

MANCHMAL MUSS ES MODERN SEIN – DIE SPUREN DER EXPO IM OSTEN DER STADT

1998 war die Expo zu Gast. Das Gelände wird heute Parque das Nações genannt und lockt Besucher mit modernen Bauten wie dem riesigen Einkaufszentrum Vasco da Gama (im Bildhintergrund), auf das man direkt zusteuert, wenn man aus dem neuen Hauptbahnhof kommt

DIE LISBOETAS – GELASSEN UND UNAUFDRINGLICH

Der im pseudomanuelinischen Stil reich verzierte Eingang des Estação do Rossio. Früher der Hauptbahnhof Lissabons, fahren heute von hier nur noch die Vorortzüge Richtung Sintra

Lissabon ist keine hektische Stadt und lädt ein zum Verweilen. Wie hier, in der Rua do Loreto nahe der Praça Luís de Camões, sieht man häufig Menschen auf einen Schwatz zusammenstehen. Im Hintergrund der Elevador da Bica

Statue des Heiligen Vinzenz am Largo das Portas do Sol in der Alfama. Im Hintergrund die Kirche São Vicente de Fora (links) und das Panteão Nacional (rechts)

LISSABONNER AUSBLICKE – DER HEILIGE, EIN TRIUMPHBOGEN UND DIE GANZE WELT

Auf dem Platz vor dem Denkmal der Entdeckungen in Belém befindet sich diese riesige Weltkarte aus Marmor. In das Mosaik eingearbeitet sind die portugiesischen Entdeckerrouten mit Jahreszahlen

Traumhafter Blick vom Miradouro do Torel über die Baixa mit dem Triumphbogen an der Praça do Comércio hinunter bis zum Tejo

Den Lebenslauf studieren.
Das Diplom mit Auszeichnung verlangen.
Referenzen einholen.
Oder sich einfach auf die Chemie verlassen.

Wie ein kleines Land am Rande Europas zur ersten Weltmacht der Geschichte aufstieg und wie es alles wieder verlor. Text: Emanuel Eckardt

Portugals goldene Zeit

Hier also lebte das Rhinozeros, Ganga mit Namen. Im selben Turm, in dem Gefangene schmachteten und der König Audienzen abhielt, in der Torre de Belém, Portugals Nationalsymbol, dem weißen Turm am Tejo. Der Stein im Innern ist dunkel an Jahren, blank gewetzt von abertausenden Pilgern und Touristen. Der Turm blickt aufs Meer. Von hier aus segelten Portugals Entdecker ins Unbekannte. Viele der Schiffe kehrten nie zurück, andere brachten Gold, teure Gewürze und exotische Tiere mit. Als das Rhinozeros Ganga, ein indisches Panzernashorn, nach langer Seereise in Lissabon an Land gehievt wurde, hielt ein Bildreporter aus Nürnberg die Sensation fest: Albrecht Dürer zeichnete das königliche Urviech und vergaß nicht zu erwähnen, dass es „lustig" sei.

Des Nashorns stolzer Besitzer, König Manuel I., genannt „der Glückliche", seit 1495 König von Portugal, alsbald auch Herr von Guinea, Herr von Äthiopien, Arabien, Persien und Indien, sammelte Küsten, Ozeane und Kontinente. Unter seiner Herrschaft entdeckte Vasco da Gama den Seeweg nach Indien, kam Pedro Álvares Cabral nach Brasilien, geboten portugiesische Vizekönige über Goa, Calikut, Ceylon und Malakka, landeten Portugiesen auf Java, Sumatra und Celebes. Sie besetzten Ormuz am Persischen Golf, nahmen die ostafrikanische Küste in Besitz, stürmten Safi, Agadir und Almedina und machten das kleine Königreich zur Weltmacht.

Sie hatten aus der Not eine Tugend gemacht. Abgelegen von lukrativen Handelswegen und ohne Mittelmeerhafen, war Portugal ein Kleinstaat, der kaum mehr zu bieten hatte als Fish and Ships. Bis Prinz Heinrich kam, Heinrich der Seefahrer (1394-1460), der vieles war, nur kein Seefahrer: Grundlagenforscher, Denker, Konstrukteur, ein Sammler von Erkenntnissen, ein atmendes Navigationssystem, das die Koordinaten einer Welt zusammenfügte, die es noch zu entdecken galt. Heinrichs legendäre Seefahrerschule in Sagres war eine Eliteuniversität für angewandte Globalisierung. Er versammelte Ritter, Priester und Astronomen, Navigatoren und Kartographen, Schiffsbauer und Kapitäne; ließ Meeresströmungen erforschen, Seekarten zeichnen und wusste bald, woher der Wind weht.

Heinrich und seine Berater waren die Programmierer einer neuen Zeit, des Zeitalters der Entdeckungen. Im Kielwasser der ersten Entdeckungsreisen boomte ein Wirtschaftszweig, in dem Portugal für Jahrhunderte Marktführer werden sollte: der Sklavenhandel. 1452 ermächtigte Papst Nikolaus V. den portugiesischen König, „die Länder der Ungläubigen zu erobern und die Einwohner zu vertreiben, zu unterwerfen und zu versklaven".

Heinrich starb 1460, Portugals Kapitäne segelten seinen Kurs. Doch die Konkurrenz schlief nicht. Seit Kolumbus im Dienste der Katholischen Könige Amerika entdeckt hatte, war Spanien zum zweiten Global Player aufgerückt. Damit es keinen Streit gab, teilte Papst Alexander VI. am 7. Juni 1494 im Vertrag von Tordesillas die Welt entlang einer Linie, die von Norden nach Süden mitten durchs heutige Brasilien verlief. Die Spanier bekamen den Westen, Portugal den Osten.

Die Portugiesen löschten zwar keine Kulturen aus, wie die Spanier, aber sie gingen beim Ausbau ihrer Handelsmissionen nicht zimperlich vor. Den Karavellen der Entdecker folgten bald Kriegsschiffe mit Kanonen, deren Donner bis zur Straße von Malakka von der feindlichen Übernahme der Weltwirtschaft durch das Königreich Portugal kündete. Als schließlich auch die fernen Gewürzinseln zu seinem Reich gehörten, war Manuel I. der reichste König der christlichen Welt.

Dom Manuel war gebildet, hatte eine musische Erziehung genossen und war eine ansehnliche Erscheinung, mit hellbraunem Haar, grünen, glänzenden Augen und ungewöhnlich langen Armen. Frühe Bilder zeigen ihn mit Bart und modischem Pony; später zeigte sich der Renaissancemensch, wie seine Vorbilder im alten Rom, glatt rasiert. Doch bei allem Respekt: Die Caesaren hatten nur in der Regionalliga gespielt, ihr Imperium nur das Mittelmeer umfasst und gerade bis nach Germanien hinaufgereicht. Dem König von Portugal aber gehörte die halbe Welt.

Seine wichtigste Eroberung lag noch vor ihm: Das Nachbarland Spanien. Dafür brauchte er nicht Feuer und Schwert, sondern diplomatisches Geschick und die richtige Frau. Am 30. November 1496 heiratete er in Burgos Isabella von Aragon, die Anspruch auf den spanischen Thron hatte. Und mit ihr natürlich auch der Glückspilz Manuel. Eine gleichsam weltumspannende Fusion.

Doch das Glück verließ den Glücklichen. Isabella starb 1498 im Kindbett, der Kronprinz wurde nur anderthalb Jahre alt. Zwar heiratete König Manuel 1500 die zweite Tochter der Katholischen Könige, Maria von Aragon, und zeugte mit ihr acht Kinder, Erbin des spanischen Weltreiches wurde jedoch die Infantin Johanna. Spanien und Portugal blieben getrennt.

Doch auch ohne Spanien war Lissabon zum Stapelplatz unerhörten Reichtums geworden, zur ersten Weltstadt Europas, einem New York der Renaissance. Dom Manuel zeigte sich als großzügiger Bauherr und Mäzen der Künste. Er förderte die Universität von Coimbra, versammelte Künstler, Bildhauer und Architekten

HEINRICH DER SEEFAHRER (Porträt von Nuno Gonçalves, 1465) schuf mit seiner Seefahrer-Eliteuniversität in Sagres die Grundlagen für die Portugiesische Weltherrschaft, die unter König MANUEL I. (Portugiesische Schule, 16. Jahrhundert) zwischen 1495 und 1521 ihre Blütezeit erlebte. Nach der Heirat mit ISABELLA von Kastilien (Porträt von Madrazo, 19. Jh.) konnte er allerdings Ansprüche auf den spanischen Thron nicht durchsetzen. VASCO DA GAMA (Gemälde von Georgio Lopes, 1524) fand 1498 als erster den Seeweg nach Indien und damit eine Quelle des portugiesischen Reichtums

Heinrich der Seefahrer

Manuel I.

Isabella

Vasco da Gama

an seinem Hof und stattete Lissabon mit wahrhaft königlichen Bauten aus. In der Einfahrt zum Hafen der Stadt ließ er die Torre von Belém errichten. Und aus Dankbarkeit für die Entdeckung des Seewegs nach Indien durch Vasco da Gama baute er am Ufer des Tejo das Jerónimos-Kloster aus, das zu einem der vollkommensten Sakralbauten des christlichen Abendlandes wurde (siehe Seite 50).

Prächtig war die Hofhaltung des glücklichen Königs. Die Menschen kamen von weither, um die Stadt und auch das Rhinozeros Ganga zu bestaunen. Eines Tages musste es gegen einen nicht weniger eindrucksvollen Elefanten zum Zweikampf antreten. Ganga blieb Sieger.

In den Geschichtsbüchern erhielt Dom Manuel bald den Beinamen „der Große". Er war weltoffen und tolerant. Doch unter dem Einfluss seiner kastilisch-katholischen Frau Maria verfügte er die Vertreibung der Juden aus seinem Königreich. Er ließ sie aber nicht ziehen, sondern zwang sie, sich taufen zu lassen. Dafür sollten sie weitgehend christliche Bürgerrechte erhalten. Doch das weckte bei den Altchristen Aggressionen. 1506 kam es vor der Kirche Sao Domingo in Lissabon zu einem blutigen Massaker an mehr als 1000 getauften Juden.

Am 7. März 1517 starb Königin Maria. Zum dritten und letzten Mal heiratete Manuel eine spanische Prinzessin, Leonore von Spanien, Schwester Kaiser Karls V. Sie war eigentlich seinem Sohn João, dem Thronfolger, zugedacht, aber es gelang den Gesandten Manuels am spanischen Hof die königliche Manneskraft so überzeugend zu schildern, dass die Prinzessin dem alten Herrn zur Braut gegeben wurde, was naturgemäß das Verhältnis von Vater und Sohn empfindlich störte. Die junge Königin gebar zwei Kinder. Manuel I. versöhnte sich, das nahe Ende vor Augen, mit seinem Sohn. Er starb 1521, nach 26 Jahren Herrschaft.

Im selben Jahr umrundete Ferdinand Maghellan, Portugiese im Dienst der spanischen Krone, Südamerika und erreichte auf seiner langen Reise westwärts die Molukken, die legendären Gewürzinseln. Zehn Jahre nach den Portugiesen, die von der anderen Seite gekommen waren. Nun gab es ein Problem: War dies hier noch die spanische oder schon die portugiesische Hälfte der päpstlich zugeteilten Interessensphären? Im spanischen Badajoz tagte eine Kommission und beschloss, die Trennlinie von Tordesillas über die Pole hinweg zu verlängern. Weil die geographische Lage der Gewürzinseln nicht ganz eindeutig war, vertrieben die Portugiesen die Spanier mit Gewalt. Spanien verlangte eine Entschädigung. Am Ende verkaufte Karl V. die Molukken für 350 000 Dukaten an Portugal.

Doch das Goldene Jahrhundert neigte sich dem Ende zu. Die erste Weltmacht war zu schwach, ihre Eroberungen festzuhalten, ihre Vizekönige herrschten über Reiche, die sie nie wirklich kontrollieren konnten. Portugal hatte sich übernommen, war ausgeblutet, die Zahl der Einwohner durch Pestepidemien, Schiffsuntergänge und Tropenkrankheiten, durch Kämpfe mit Piraten und Aufständischen auf eine Million zurückgegangen. Das Land verfiel. Als der junge König Sebastião 1578 mit einer Flotte von 500 Schiffen nach Marokko segelte, um ein christliches Großreich zu gründen, wurde sein Kreuzfahrerheer vernichtend geschlagen, der König fiel im Kampf.

Die Tage der Weltmacht Portugal waren gezählt. 1580 setzte Philipp II., König von Spanien und Sohn Isabellas, der ältesten Tochter Manuels des Glücklichen, seinen Erbanspruch durch. Portugal wurde spanisch, für sechzig lange Jahre. Danach verlor es als Kolonialmacht an Einfluss und trennte sich nach und nach von seinen Besitzungen, den letzten nach grausamen Kriegen, im 20. Jahrhundert. Ein Goldenes Zeitalter hat es nie wieder erlebt.

Ganga übrigens auch nicht: König Manuel beschloss, das Nashorn dem Papst zum Geschenk zu machen. Keine gute Idee, vor allem für Ganga nicht: das Schiff, mit dem es transportiert wurde, kenterte, Ganga ertrank, wurde an Land gespült und dem Heiligen Vater ausgestopft als Geschenk überreicht. Und wer sich den Turm von Belém genau anschaut, entdeckt am rechten Ecktürmchen (vom Jerónimos-Kloster aus gesehen), einen in Stein gehauenen Nashornkopf: Ganga – vergangen zwar wie das portugiesische Weltreich, aber ebenso unverwüstlich wie die Torre de Belém. □

Emanuel Eckardt, *freier Autor in Hamburg, schrieb auch die Geschichte über Sintra (Seite 70).*

Wer den Fado versteht, der versteht Portugal, heißt es. Ein Gefühl für die nicht nur schwermütigen Melodien entwickelt sich am besten bei einem Streifzug durch die kleinen Fado-Lokale von Lissabon

Text: Dirk C. Fleck

Fotos: Leona Goldstein

Von der Sucht nach

Sehnsucht

Intensität: Wenn Ana Maria in der Taverna dèl Rey ihre mächtige Stimme erhebt, trifft sie die Zuhörer direkt ins Herz. Abend für Abend schickt Anas Fado unsterbliches Gefühl gegen vergängliches Glück in die Schlacht

Fado, das sind die Stimmen der Straße

Der Fado hat seine Heimat in den Gassen der Hafenviertel, bei Fischern, Dirnen und Zuhältern. Früher wurde aus den Fenstern herausgesungen, heute strömen die Menschen vor vollbesetzten Lokalen (hier das „A Baiuca") zusammen, um von der Straße aus zu hören und zu fühlen

Unvergessen: In vielen Restaurants hängen – wie hier im „A Tasca do Chico“ – Bilder von Amália Rodrigues und anderen Fado-Stars an der Wand

Gefühle zeigen: Intimität in der Gemeinschaft – beim Fado fließen Tränen ohne Bitterkeit

Türrahmen als Bühne: Sängerin Ana Lardoso interpretiert den Fado im Eingang des Lokals, an den Tischen herrscht absolute Ruhe

Das Publikum im Theater des Casinos von Estoril ist gekleidet wie auf dem Wochenmarkt. Und doch knistert es in den Reihen vor freudiger Erwartung. Die Menschen sind gekommen, um ihrer Ikone zu huldigen: Amália Rodrigues! Bereits drei Jahre nach ihrem Tod im Jahre 1999 ward der Göttin des Fado mit dem Musical „Amália!" ein Denkmal gesetzt. Seitdem steht es den Portugiesen als Tränke zur Verfügung, an der sie ihre Sucht nach Sehnsucht vorübergehend stillen können.

Das Stück wird von Beginn an in warme Applauswatte gepackt. Am Schluss reagiert die Masse wie ein Schwarm tropischer Fische, der einen elektrischen Impuls kollektiv pariert. Wenn sich 1000 Menschen spontan erheben, um einen komplizierten Rhythmus zu klatschen, der den herzzerreißenden Abgesang Amálias wie ein Fangnetz unterlegt, wird selbst dem adrett gekleideten Besucher aus der norddeutschen Tiefebene klar, dass Fado Volksmusik ist.

Die S-Bahn von Estoril nach Lissabon sollte ins Weltkulturerbe eingehen. Wo sonst darf man eine schnatternde Schar geschminkter junger Mädchen auf dem Weg in die Disco bis ins Herz der Stadt begleiten und dabei den parallel laufenden Atlantik in die Tejomündung branden sehen? Es ist meine erste Nacht in Lissabon. Von der Endstation Cais do Sodré führt mein Weg weiter am Fluss entlang. Nach einiger Zeit verfinstern sich die Straßen, nur vor den Eingängen der Cafés liegen grelle Neonbahnen aus. Ich steige eine schmale Steintreppe zwischen zwei Häuserwänden hinauf, auf denen die schabenden Schultern meiner Vorgänger helle Spuren hinterlassen haben. Es ist ein reg-

Der unsterbliche Klang der Melancholie

Das Restaurant „Maria da Fonte" in der Alfama ist eines der kleinsten Fado-Lokale: fünf Tische, maximal zehn Gäste. Aber auch wenn der Laden leer ist und die Sängerin (lks.) Pause macht, lässt der Gitarrist ein paar weiche Melodien durch den Raum schweben

Dem Schmerz zu trinken geben

Über Fado zu lesen, ohne ihn zu hören, ist wie sich betrinken ohne Wein. Um ein wenig tiefer in die Welt des Fados einzutauchen, hier ein berühmter Text mit deutscher Übersetzung

Vou dar de beber à dor
Foi no domingo passado que passei
À casa onde viveu a Mariquinhas
Mas está tudo tão mudado
Que não vi em nenhum lado
As tais janelas que tinham tabuinhas
Do rés-do-chão ao telhado
Não vi nada nada nada
Que pudesse recordar-me a Mariquinhas
E há um vidro quebrado e isolado
Onde havia as tabuinhas
(...)
P'ra terem feito da casa o que fizeram
Melhor fora que a mandassem p'ras alminhas
Pois ser casa de penhor
O que foi viveiro de amor
É ideia que não cabe cá nas minhas
Recordações de calor
E das saudades o gosto
Que vou procurar esquecer numas ginjinhas
Pois dar de beber à dor é o melhor
Já dizia a Mariquinhas.

Autor: Alberto Janes

Ich werde dem Schmerz zu trinken geben
Es war am letzten Sonntag, dass ich vorbeikam / An dem Haus, wo Mariquinhas lebte. / Aber alles ist so anders / Dass ich nirgendwo jene Fenster sah, / Die Holzläden hatten / Vom Erdgeschoss bis zum Dach. / Ich habe nichts, nichts, nichts gesehen, / Das mich an Mariquinhas hätte erinnern können. / Und da ist ein zerbrochenes, einsames Fenster, / Wo einmal die Holzläden waren / (...) Angesichts dessen, was sie aus dem Haus gemacht haben, / Wäre es besser gewesen, es zu den Seelen im Fegefeuer zu schicken. / Denn dass das, was Brutstätte der Liebe gewesen ist, / Nun ein Pfandhaus sein soll, / So ist das eine Idee, die einfach nicht zu meinen / Vorstellungen von Wärme passt. / Und den Geschmack der Sehnsüchte / Werde ich versuchen zu vergessen mit einigen Kirschlikören. / Denn dem Schmerz zu trinken zu geben ist das Beste. / Das sagte schon Mariquinhas.
Übersetzung: Luise Albers

Ausdruckstark sind nicht nur die Stimmen der Fado-Sänger. Gestik und Mimik gehören zum Gesamtkunstwerk

nerischer Dienstag im Januar, die Alfama, Lissabons Altstadtviertel, atmet durch ihr Mauerwerk, das ohne die Touristenschwärme im Gedärm zu alter Autorität findet. Die Stadt trägt Schwarz in dieser Nacht, selbst die Straßenlaternen halten sich im Erhellen ihres Mysteriums zurück.

Die Rua de São Pedro führt gegenüber dem Fadomuseum auf einen schmucklosen Platz. In einem beleuchteten Hauseingang sitzt eine stolze Dame. Wie ferngesteuert bewege ich mich auf sie zu. Mit einer Handbewegung gibt sie das Lokal zur Besichtigung frei. Ich schreite unter der gewölbten Decke zwischen gedeckten Tischen an einer gekachelten Gemäldegalerie entlang. Zwei Männer unterhalten sich an einem Tisch mit einer Frau. Sonst sind keine Gäste hier. Die Kellnerin teilt mir mit, dass Argentina mich auf einen Portwein einladen möchte. Ich setze mich, als zwei Herren an einer Säule Platz nehmen. Der eine hält eine portugiesische Gitarre in Händen, der andere eine spanische. Die portugiesische Gitarre wirft einige spielerische Kaskaden aus, die den Raum erkunden und beim Heruntertropfen vom Rhythmus der spanischen Kollegin virtuos aufgefangen werden. Ich proste Argentina Santos zu, die eine bedeutende Fadosängerin gewesen ist und jetzt über ihren Tempel wacht, dem Parreirinha de Alfama.

Ein Mann im schwarzen Anzug nähert sich gesenkten Hauptes und mit gefalteten Händen von der Bar. Er schließt die Augen und beginnt Musik zu inhalieren. Mit jedem Atemzug hebt sich der Kopf. Er presst einen glockenhellen Ton aus der Körpertube, der sich im Klanggespinst der Gitarren die Hörner abstößt. „Du selbst bist dein Leben/ Verfüg nicht über dich, als gäbs ein Morgen/ Wer weiß, ob dir das Schicksal nicht den Abgrund vorbestimmt".

Nachdem das letzte Wort verklungen ist, breche ich in Beifall aus. Argentina lächelt. Die Portugiesen, das wusste ich nicht, ertränken immer schon das letzte Wort in Applaus, auf diese Weise weben sie dem Fado ihre Begeisterung an, werden sie Teil seiner Poesie. Während der Darbietung herrscht absolute Aufmerksamkeit, wer mit dem Nachbarn tuschelt, den strafen Blicke wie Elektroschocks. Ist es nicht herrlich, dass Poesie in der Lage ist, der Höflichkeit zu ihrem Recht zu verhelfen? Ich gehe glücklich nach Hause.

Meine Absätze hallen auf den elfenbeinfarbigen Mosaikbahnen der Baixa wider. Dies ist das Reich der *calceteiros*, der Steinsetzer, die mir heitere Kalligrafien aus Blaubasalt in den Weg gehämmert haben. „Ihr Ausländer denkt vielleicht, dass Fado und Saudade etwas sehr Trauriges sind," hatte Mísia – die neue Göttin des Fado – in einem Interview gesagt. „Aber für uns Portugiesen ist Saudade ein angenehmes Gefühl. Saudade ist nicht nur Nostalgie, nicht nur das Aroma von längst Vergangenem oder frisch Verwehtem, Saudade ist ein Versprechen. Etwas, was nicht sterben kann. Ich glaube, dass man im Fado eine hohe Spiritualität erreichen kann."

Am nächsten Abend mache ich mich erneut auf den Weg zu Argentina. Eine amerikanische Touristengruppe hat das Lokal besetzt. Senhora Santos bedauert sehr und weist einen Mitarbeiter an, mich zur Taverna dèl Rey zu begleiten, Restaurante típico. Ein blitzsauberes Gewölbe mit maurischen Bögen, Mosaiken im Boden und Fliesenwerk an den Wänden. Zum Fado wird das Licht gedimmt.

Maria Jô-Jô wirft ihren Gesang wie ein Netz aus, in dem das willige Publikum nach Lust und Laune zappelt. Den massigen schwarzen Körper fest im Boden verwurzelt speist sie die Zuhörer mit der Botschaft, dass wir Menschen niemals wirklich wach sind. Ihr Fado wühlt sich durchs Blut wie eine süße Injektion. Ein Fadista will, wie Kafka es sagt, das isoliert Sterbliche in das unendliche Leben hinüberführen. Im Fado wird unsterbliches Gefühl gegen vergängliches Glück in die Schlacht geschickt. Um dem Gefühl gute Argumente an die Hand zu geben, hat man seit je her die besten Dichter des Landes bemüht. Glückliches Portugal! Welch ein Land, in dem die Menschen der Melancholie des Herzens einvernehmlich eine Stimme geben.

Auf dem Weg ins Hotel komme ich an den Warenhäusern und Boutiquen der Baixa vorbei, aus denen sich tagsüber jene Popsauce ergießt, die im Global Village gerade angesagt ist. Keine Chance, meine Herren! Lissabon ist resistent gegen jegliche Gleichschaltung. „Den Fado wird uns niemand nehmen", behauptet António Laborinho, Meister der portugiesischen Gitarre, stolz. „Fado erneuert sich immer wieder selbst. Wir Portugiesen atmen Fado. Es ist ein fast religiöses Lebensgefühl."

Am letzten Tag steige ich hinauf zum Castelo de São Jorge, dem Lissabon zu Füßen liegt. Es ist ruhig hier oben. Die Menschen saugen den Ausblick wie eine kostbare Essenz in sich auf. Auf einer Steinbank legt ein achtzigjähriger Mann seiner Frau zärtlich die Hand um die Schulter. Ein Zeichner zerknüllt ganz ohne Wut die ungenügenden Skizzen. Unter der Palme schreibt ein Mädchen in ihr Tagebuch, unberührt von dem spielerischen Streit zweier Kinder um das Fernrohr.

António hatte mich für den Abend ins „Fermentação" eingeladen. Ein kleiner Raum, drei Tische, ausgelegt für maximal 20 Leute. Sechs Portugiesen speisen an einem Holztisch, an dessen Ende António mit seinem Kollegen hockt. Als Ana, die Kellnerin, ihre Schürze abbindet und vor ihnen Aufstellung nimmt, richten sie sich auf und beginnen zu spielen.

Anas brüchiger Gesang beklagt den Verlust einer großen Liebe und den vergeblichen Versuch, wieder Halt zu finden. Die Begeisterung unter den sechs Gästen ist groß. Während Ana erneut anhebt, stürmt der untersetzte Koch aus der Küche und stimmt in das Lied ein. Ein junger Mann schleicht von draußen herein, auch er mischt inbrünstig mit. António hebt erstaunt den Kopf. Später erzählt er mir, dass es sich um den verstoßenen Sohn der Familie gehandelt habe, dem es nur beim Fado gestattet sei, das Haus zu betreten.

Ana hatte während der Darbietung heftig mit meiner Begleiterin geflirtet. Nach ihrem Auftritt erkundigt sie sich nach ihrem Namen, schreibt eine Widmung auf eine CD und überreicht sie als Geschenk. Als wir die Rechnung begleichen, ist das Geschenk mit 30 Euro ausgewiesen – umsonst ist auch der schönste Fado nicht.

Draußen die Götterdämmerung. Auf den Fassaden der Stadt, die schon Sonne tanken, wechselt das Licht von tiefem Gelb über warmes Weiß in zartes Rosa. Anas kleines Gaunerstück verdichtet sich in mir zu einer zeitlosen Klage über alle erlittenen Vertrauensverluste der Welt. Wie glücklich müssen jene sein, die solchem Gemüt Ausdruck geben können. ☐

Dirk C. Fleck, *Jahrgang 1943, ist Schriftsteller und lebt in Hamburg. Er wurde Fado-Fan.*
Fotografin Leona Goldstein, *geboren 1976, spricht Portugiesisch, nach ihrer Fado-Arbeit fühlt sie auch portugiesisch.*

MERIAN | INFO Fado: Historie & Formen

Über die Ursprünge des Fado gibt es verschiedene Spekulationen. Am häufigsten werden die afrobrasilianischen Wurzeln benannt. Gegen Ende des 18. Jahrhunderts sollen drei brasilianische Musikstile zum Fado verschmolzen sein. Der Name Fado könnte von dem zeitgenössischen Tanz Faddo herrühren, bei dem sich die Tanzpartner mit Bauch und Hinterteil anstießen, aber auch von dem Wort *fado = destino,* Schicksal.
Der **fado dançado** wurde zu Beginn des 19. Jahrhunderts von Brasiliens nach Lissabon exportiert, wo er in den Hafenkneipen Heimat fand. Herumziehende Sänger benutzten den Fado, um von sentimentalen und erschütternden Ereignissen zu berichten. Ihr moderner Bänkelgesang wurde von der Guitarra Portuguesa begleitet und bediente sich vorzugsweise aus dem Fundus der Volksdichtung.

Wer als professioneller *fadista* auf sich hält, singt literarisch anspruchsvolle Texte, die er oder sie häufig bei einem Dichter in Auftrag gegeben hat. An der Entwicklung des Fado zur Kunstform ist die 1999 verstorbene „Königin des Fado", **Amália Rodrigues**, maßgeblich beteiligt. Amália sang nicht nur Klassiker wie Camões und Pessoa, sondern auch so unbequeme Dichter wie Alexandre O'Neill und Manuel Alegre.

Die unterschiedlichen Fado-Formen:
Der **fado destino** schlägt langsame, schleppende Tempi in Moll an. Sein weniger bekanntes Gegenstück, der anzügliche **fado corrido**, kommt frech hüpfend in Dur daher. Beide Formen lassen genügend Spielraum für Improvisationen, anders als beim **fado canção**, der streng durchkomponiert ist. Obszönität und Trivialität sind nach wie vor im **fado vadio** enthalten, der von Amateuren in Kneipen *(tascas)* gesungen wird. Im Gegensatz zum fado vadio steht der **fado comercial**. Er wird in den *casas de fado* (Fadolokalen mit Verzehrzwang) von professionellen Sängern vorgetragen. Das touristische Publikum merkt kaum, wenn die Grenzen zur Folklore überschritten werden.

António Laborinho, Fado-Profi, einer der besten Gitarristen Portugals

>> weitere Tipps im Infoteil ab Seite 110

Lissaball:

Ganz Portugal fiebert der Fußball-Europameisterschaft entgegen. In Lissabon konnten sich die Rivalen Benfica und Sporting natürlich nicht auf den Bau eines gemeinsamen Stadions einigen. Nun hat die Stadt gleich zwei neue Arenen und eine alte Feindschaft – und das ist auch gut so!

Text: Bertram Job, Fotos: Lukas Spörl

Wenn er überlegt, wie sich das alles über die Jahre und Jahrzehnte entwickelt hat, muss José Joaquim Macarrão manchmal den wuchtigen Kopf schütteln. Als er von 1937 bis 1942 selbst noch das Trikot von Benfica trug, war das Match gegen Sporting auch schon das große, prestigeträchtige Derby. „Es war einfach verboten, dieses Spiel zu verlieren", erinnert er sich. Doch was sie heute für ein Spektakel daraus machen, kommt dem ehemaligen Stürmer mit der Mitgliedsnummer 471 bisweilen unheimlich vor. Zehntausende von Leuten in riesigen Arenen, randalierende Jugendliche, Polizeieskorten, Heerscharen von Reportern – „das habe ich mir nie vorstellen können", sagt der 83-Jährige.

Es ist wieder heiß auf den Straßen von Benfica, dem Geschäftsviertel im Norden von Lissabon, das einmal Refugium der Arbeiterschaft war. Aber in den Räumen des Clubs herrscht angenehm kühle Raumtemperatur. Hier bewegt sich José Macarrão würdevoll zwischen dicken Folianten mit alten Sportgazetten und polierten Trophäen (insgesamt, so schätzt er, dürften es 25 000 Exponate sein).

In allem steckt die hundertjährige Geschichte jenes Vereins, für den die Mitgliedsnummer 471 insgesamt 65 Jahre lang gearbeitet hat. Davon die ersten als Halbprofi und Secretário für 500 Escudos im Monat, die letzten als Archivar, der seine Nase oft tage-

Benfica oder Sporting

Viele Gaststätten zeigen die wichtigen Spiele live im Fernsehen. Das „Frágil", direkt am Ufer des Tejo gelegen, lockt sogar mit einer großen Videoleinwand. Und kaum ein Besucher wirft dann noch einen Blick auf Lissabons „Golden Gate", die Brücke des 25. April

Sporting war in der Vergangenheit nicht ganz so erfolgreich wie der Lokalrivale. Aber Funktionäre und Fans sind sicher: „Benfica hat vielleicht die größere Geschichte, aber wir haben die größere Zukunft."

lang nicht mehr aus den Fußballseiten von *A Bola* herausbekam.

Die Fotos aus den späten Dreißigern, als sie ihren ungarischen Coach Cipo Herzke nach dem Gewinn dreier Meisterschaften in Folge auf den Schultern vom Platz trugen. Die Aufstellung der Mannschaft, die am 28. April 1946 die Elf von Sporting mit dem bis heute gültigen Rekordergebnis von 7:2 vom Campo Grande fegte. Die Berichte von dem großen Endspiel im Europapokal der Landesmeister, als die „Glórioso" im Mai 1962 vor 62 000 Zeugen in Amsterdam die Elf von Real Madrid bezwang. Drei Tore in der zweiten Halbzeit, davon zwei durch Eusébio, und das 2:3 zur Pause war auf grandiose Weise gedreht. All diese Triumphe saugt die Mitgliedsnummer 471 noch heute in sich ein wie ein Sonntagsausflügler die Meerbrise in Estoril. Im Zweifelsfall war er ja dabei, zumindest als Zuschauer. Von den Ligaspielen gegen Sporting zum Beispiel hat er in den letzten 60 Jahren nicht eines verpaßt.

„Aber es war anders damals", sagt Macarrão. „Sicher, wir traten und wir kratzten uns. Doch wenn das Match vorbei war, gingen wir mit denen von Sporting ins Café und tranken zusammen eine *bica* (einen kurzen, schwarzen Kaffee)."

So etwas ist inzwischen undenkbar geworden. Benfica oder Sporting, Rot oder Grün – diese Frage trennt Lissabon. Aber nicht nur dort: Das ganze Land, sofern es sich für Fußball begeistert, spaltet sich südlich von Porto in zwei unversöhnliche Lager. Der portugiesische Aficionado ist ausschließlich und mit aller Vehemenz für den einen Lissabonner Club, und damit automatisch gegen den anderen. Und er bekennt sich mit oder ohne Aufforderung dazu, als gäbe er damit seine Blutgruppe oder die Zugehörigkeit zu einer Kirche bekannt.

Sou por Benfica" (ich bin für Benfica) bzw. „sou por Sporting" – so lautet das kurze Credo, mit dem sich die Fußballverrückten unter den drei Millionen Menschen im Großraum der Stadt gern zu erkennen geben. Man hört es zwischen den Taxiständen und Lotterien wie in den *tabernas, cafeterias und cervejerias* – dort, wo die Männer am Abend ihr Bier trinken und nervös *tremoços*, Lupinenkerne, kauen, während im Fernsehen die Live-Bilder irgendeines Fußballspiels unter der Decke flimmern (sie sind immer zu hoch platziert, diese kleinen Fernseher, sodass sich die Männer die Hälse verrenken). Hört es in den Büros im Zentrum wie in den Vorstädten und den Armenvierteln, den *bairros de lata*.

Fußball, Fado, Fátima – das ist bis heute die populäre Trinität im Alltag dieser Stadt geblieben. Man spielt Fußball, wo immer sich zwischen den sieben Hügeln eine halbwegs ebene Fläche oder eine kleine Sporthalle dafür findet (offiziell sind im Bezirk Lissabon über 1300 Jugend- und Erwachsenen-Mannschaften registriert). Man hört Fußball aus den privaten Radiosendern, die alle Resultate und Gerüchte in ihren Nachrichtensendungen kolportieren. Man liest Fußball, weil drei täglich erscheinende Sportzeitungen ihre Leser bis ins letzte Detail damit füttern (zwei davon machen mehr Auflage als jede „normale" Tageszeitung). Und man spricht Fußball, um leichter miteinander anzuknüpfen – so wie jener Zeitungsverkäufer, der in António Tabucchis „Lissabonner Requiem" spontan den Erzähler anlächelt.

„Benfica hat gewonnen, sagte er strahlend", heißt es da, „haben Sie es in der Zeitung gelesen? Ich schüttelte den Kopf, nein, ich hatte es noch nicht gelesen ..."

Es ist durchaus gestattet, noch eine zweite Verbindung mit einem meist unterklassigen Club aus dem eigenen Ortsteil zu pflegen – etwa mit Atlético im Ortsteil Alcântara oder mit sonst einem der gut 500 Vereine im Bereich des städtischen Fußballverbands. Nur bei der Frage des Spitzenclubs kennt diese Stadt kein Pardon. Die Vernünftigeren und die Unbeirrbaren geben keine Begründung ab, warum sie zu welchen Farben stehen. Meistens ist das eine über Generationen tradierte Einstellung in

E Pluribus Unum – „Aus Vielen Eines“, heißt es im Wappen von Benfica. Wer die Masse der Fans erlebt, die wie ein Mann hinter ihrem Team steht, weiß, was gemeint ist

der Familie, oder lokaler Reflex und eigentlich Notwendigkeit. Zu umfangreichen Reflexionen neigende Gemüter wollen in dieser wunderbar verlässlichen Rivalität der beiden großen Clubs allerdings auch eine soziale Markierung erkennen. Und sie wissen zumindest die Geschichte auf ihrer Seite.

Es waren Schüler und Studenten, die am 28.Februar 1904 den Verein „Sport Lisboa“ alias S.L.Benfica Lissabon gründeten – so erklärt es Alberto Miguens, der wohl emsigste Fußballhistoriker (und Benfica-Fan) in dieser Stadt.

Der 52-jährige Geographielehrer, der nebenbei an einer detailbesessenen Vereinschronik arbeitet, zeigt Interessierten nur zu gern den Standort des ersten Bolzplatzes von Benfica. Hier, auf dem Gelände einer Reitschule der Armee im etwas verschlissenen Teil von Belém, haben die drei Brüder Catatau und weitere 21 Enthusiasten seinerzeit den Trainingsbetrieb aufgenommen (wir müssen wie Schuljungen auf eine Mauer klettern, um auf ein quadratisches Nichts ohne Tore zu blicken). „Das waren junge Männer, die einfach Fußball spielen wollten“, sagt Senhor Miguens.

Die Gründung des „Sporting Clube de Portugal“ dagegen – eigentlich schon ein snobistischer Akt, in gewisser Weise. Ausgelöst durch das sportaffine Aristokratensöhnchen José Alvalade, der 1906, mit 22 Jahren, aus einem anderen Fußballclub ausscherte. Sein Großvater, der Visconde von Alvalade, steckte ihm historisch verbürgte 300 000 Réis zu, damit sie an der heutigen Alameda das Linhas de Torres ein erstes Spielfeld und ein Vereinsbüro anmieten konnten. Acht Jahre später, als Benfica noch immer knapsen musste, hatten die von Alvalade angeführten Herren diesen Flecken bereits zum modernsten Sportkomplex des Landes ausgebaut – mit Anlagen für Leichtathleten und zwei Tennisplätzen, komfortablen Garderoben und Duschen.

„Allein die heißen Duschen waren damals ein Anreiz, dass Spieler von Benfica zu Sporting wechselten“, weiß Alberto Miguens. Aber nicht nur das: Als der famose Stürmer Artur Pereira 1917 das rote gegen das grün-weiße Trikot tauschte, war erstmals schon Handgeld im Spiel. Da konnte Benfica nicht mitbieten. Sportlich jedoch zeigte man sich immer mindestens ebenbürtig bzw. phasenweise deutlich überlegen – wie etwa Ende der dreißiger Jahre oder in den Sechzigern, der Ära von Eusébio. Also baute sich mit den Jahren und Meisterschaften (bis heute sind es 30) wie von allein ein schöner Mythos auf. Der hieß kurz zusammengefasst: Wir haben weniger, erreichen aber (meistens) mehr.

Die fünf Finalteilnahmen Benficas im Europacup der Landesmeister (zwei Siege) wiegen nun mal schwerer als Sportings einziger Sieg im Cup der Pokalsieger (1964 über MTK Budapest). Benfica vertrat das Volk, fand das Volk, und mit ihm fanden es Künstler und Intellektuelle, die sentimentalen Schulterschluss übten – auch wenn die Präsidenten des Clubs mit dem Establishment im Grunde ebenso fraternisierten wie die von Sporting.

„Eigentlich ist Benfica immer zu gut weggekommen“, sagt ein erfahrener Redakteur der Sportgazette *A Bola*, der lieber nicht genannt werden will. „Und das ist bis heute so. Fast jeden verdammten Tag macht unser Blatt mit einer Lappalie von Benfica auf. Denn nur Benfica macht angeblich Auflage.“

Die glorreiche Geschichte des Clubs ist inzwischen stolzester Schmuck und schwerster Mühlstein. Zu Benficas Heimspielen treffen des Sonntags Zigtausende aus halb Portugal bereits Stunden vor dem Anpfiff am Stadion ein – viele davon Angehörige der etwa 4000 offiziellen Fangruppen im In- und Ausland, der *núcleos* (die von Sporting zweifeln diese Zahl an). Bei den *rulotes,* den ambulanten Verkaufsständen auf den Parkplätzen, genießen sie die Vorlust mit Bier und Schweinekrusten-Sandwiches, den *sandes de courato.* Und natürlich erwarten sie in jeder Saison wieder mindestens die Meisterschaft, was sonst?

Benfica und Sporting

Benfica Lissabon
Stadion: Estádio da Luz (65 272 Plätze), eröffnet am 25. Oktober 2003
Erfolge: 30-facher Landesmeister (zuletzt 1994), 26-facher Pokalsieger (zuletzt 1996), zweimaliger Gewinner des Europapokals der Landesmeister (1961, 1962)
Anschrift: Avenida General Norton de Matos, 1501-805 Lisboa

Sporting Lissabon
Stadion: Estádio Alvalade XXI (50 300 Plätze), eröffnet am 6. August 2003
Erfolge: 18-facher Landesmeister (zuletzt 2002), 17-facher Pokalsieger (zuletzt 2002), Gewinner des Europapokals der Pokalsieger (1964)
Anschrift: Rua Francisco Stromp, 1501-806 Lisboa

José Joaquim Macarrão, 83, einst Spieler, dann Archivar bei Benfica Lissabon

„Wir sind bald da" - Estamos Quase Lá - verkündet das Werbeplakat zur Euro 2004. Portugal fiebert der EM entgegen

Große Sandwiches und Ambitionen finden sich aber ebenso rund um das neue Stadion von Sporting. Der einstige Aristokratenclub hat sich längst zu einem populären, von eloquenten Ökonomen und Juristen gelenkten Großverein für 20 Sportarten und 89 000 Mitglieder gemausert (Benfica hat offiziell 95 000). Vieles wirkt hier konstanter als beim Erzrivalen, der mit seinen häufigen Skandalen und Wechseln in der Führungsspitze zuletzt bestens den Boulevard bediente. „Vielleicht hat Benfica die größere Geschichte auf seiner Seite", räumt der alerte Kommunikationsdirektor Carlos Severino ein. „Aber wir haben die größere Zukunft."

Dennoch werden beide Hauptstadtclubs bis auf weiteres wohl nur um die UEFA-Cup-Plätze in der Tabelle mitspielen. Denn über ihnen thront inzwischen der FC Porto – der einzige Club des Landes, der den Champions-League-Teams aus München, Mailand und Madrid sportlich auf Augenhöhe begegnen kann und kürzlich erst Manchester United aus der Champions-League warf. Der reiche Club aus dem wohlhabenden Norden hat von den letzten neun Meisterschaften in der nationalen Superliga sechs nach Porto entführt. Gerade zweimal konnte sich Sporting durchsetzen, während Benfica vor zehn Jahren zum letzten Mal triumphierte – im Fußball eine Ewigkeit.

So kann man an den Spieltagen der Champions-League überall in Lissabon jene Männer mit den Lupinenkernen zwischen den Zähnen erleben, die in den Kneipen die ausländischen Gegner des FC Porto anfeuern. Doch nicht mal diese gemeinsame Animosität sorgt hier für eine gewisse Grundsolidarität. Benfica gegen Sporting, das geht heute nicht mehr ohne massierte Präsenz der Ordnungskräfte, die zornige *diabos vermelhos* („rote Teufel") und No-Name-Boys von gewaltbereiten Mitgliedern der *torcida verde* („grüne Fans) bzw. Ultra Directivo XXI fernhalten (was dennoch nicht immer gelingt). Und das mit einem neuen, gemeinsamen Stadion konnte natürlich auch nicht funktionieren.

Es waren ein paar besonnene Männer in beiden Vereinen, die im Vorfeld der am 12. Juni 2004 beginnenden Europameisterschaften diesen Vorschlag machten: Wenn es dazu schon modernerer Arenen bedurfte, sollten sich Benfica und Sporting eine teilen – so wie der AC Milan und Inter das in Mailand pflegen. Das war sehr vernünftig, aber bei den Fangemeinden beider Clubs nicht durchzusetzen. Also wurden stattdessen für rund 200 Millionen Euro zwei neue, keine drei Kilometer voneinander entfernte Arenen gebaut – das neue Estádio da Luz von Benfica und das Estádio José Alvalade XXI von Sporting.

Für Jesus Correia war das ein großes Erlebnis, als er im vergangenen August dort den Anstoß zum Eröffnungsspiel gegen Manchester United ausführen konnte. „Es ist schön, wenn man noch immer in Ehren gehalten wird", sagt der 80-Jährige. Correia hat das grün-weiße Trikot von Sporting früher selbst getragen, im Hockey-Team wie in der ersten Fußballauswahl. Er ist der letzte Überlebende der „Fünf Violinen", wie man die sehr artistische Sturmformation von Sporting seinerzeit nannte, und lässt als Ehrengast noch heute kein Heimspiel aus. Nur das Tamtam darum kommt ihm, ähnlich wie José Macarrão, eher befremdlich vor.

Oh ja, Macarrão – natürlich kannte Correia den. Mit Rogério, einem anderen großen Benfica-Stürmer, ist er sogar bis heute in Kontakt geblieben. Warum denn auch nicht? „Die Spiele gegen Benfica waren die wichtigsten Duelle", sagt er, „aber sie liefen ohne die Agressivität ab, die das heute hat. Ohne all diese Berichte über irgendwelche Intrigen und ohne das große Geld, das da inzwischen fließt. Es war doch nur ein Spiel für uns!" □

Bertram Job, *freier Autor, lebt in Düsseldorf und ist einer der renommiertesten Sportjournalisten Deutschlands.*

Von seinem Logenplatz auf dem Balkon, zwischen Topfpflanzen, Kochwäsche und Nippesfiguren, genießt dieser Mann die Mittagsruhe in der Rua de Reguira. Der Schriftzug an der Hauswand verweist auf ein Lokal, das schon lange geschlossen ist

ALFAMA, AMO-TE! – ICH LIEBE DICH!

Nirgends in Lissabon sind die Gassen enger und die Menschen offener. Nirgends in Lissabon gehen Anmut und Verfall solch eine Symbiose morbiden Charmes ein. Nirgends in Lissabon ist es so schön wie hier im Altstadtviertel, der Alfama.

Text: Swantje Strieder
Fotos: Barbara Löschnig

Die Linie 28 gehört zu den berühmtesten Straßenbahnen der Welt. Der aufregendste Streckenabschnitt führt durch die schmalen Gassen der Alfama

Kleine Ladengeschäfte wie diese Bäckerei in der Rua São Pedro gibt es noch häufig in der Alfama. Und während der Bäcker selbst die Buchhaltung macht, begutachtet der nächste Kunde schon die Brote in der Fensterauslage

Links die Kirche Mosteiro de São Vicente, rechts der Tejo und dazu ein kühler Drink auf dem Tisch – herrliche Aussichten im Café am Largo das Portas do Sol

In der Rua de São João da Praça ist Hektik ein Wort aus einer anderen Welt. Die Häuser haben sicher schon bessere Tage gesehen, aber Hund und Herrchen scheint's recht zu sein; so wie es ist, ist es gut

MANCHMAL MÖCHT'
MAN EINFACH NUR IN
RUHE HIER SITZEN

DIE FRAUEN DER ALFAMA – GRANDIOS, WIE AUF EINER OPERNBÜHNE

Es sind die Marktfrauen, Köchinnen, Fischverkäuferinnen, die den Ton angeben in der Altstadt. Resolut, laut, zuweilen derbe – doch immer liebenswert. Wie Dona Ana, die Köchin in einem kleinen Imbiss, die hier, im Gemüseladen in der Rua São Miguel, noch schnell etwas Frisches für ihre Gäste besorgt

Vor der markanten Fassade der Kirche Mosteiro de São Vicente mit ihren zwei Türmen schiebt sich die altehrwürdige „28“ die Hügel der Alfama hinauf

„VOR 20 JAHREN WAR HIER EIN GEDRÄNGE, DAS KÖNNEN SIE SICH NICHT VORSTELLEN."

Am späten Nachmittag, wenn die Hitze des Tages aus den Gassen flieht, stellen die Fischhändler in der Rua São Pedro ihre Ware auf die Straße und warten auf Kundschaft. Die Geschäfte laufen schlecht, viele Menschen sind aus der Alfama in die Vorstädte gezogen

Göttlicher Blick: Die Linie 28 führt direkt an der Kirche Santo António de Lisboa vorbei. Gleich dahinter wartet die romanische Kathedrale Sé

Der Hafen, die Schiffe, der Tejo – da unten, am Flussufer beginnt das Gassengewirr der Alfama

Wie eine Bergziege klettert die Linie 28 die steile Rua Almirante Reis empor. Kurz vor der Igreja dos Anjos, der Engelskirche, schwenkt die kleine Straßenbahn so scharf nach rechts, dass die Schriftstellerin Lidia Jorge gegen einen weiteren Stehgast in schwarzer Lederjacke fällt, der wiederum gegen die Reporterin rempelt, doch die wird vom weichen Bauch einer älteren Lissabonnerin aufgefangen, die dann ein Schulmädchen mit sich reißt, bis im Dominoverfahren auch der letzte Fahrgast aus dem Gleichgewicht gerät. Worauf sich alle mit einem höflichen Kopfnicken, einem Lächeln und einem *„disculpe"*, Entschuldigung, wieder aufrappeln. Schon öfter sollte die dienstälteste Tramlinie der Welt – die ehrenwerte Eléctrico stammt schließlich aus dem Jahr 1902 – wegrationalisiert werden, doch die Lissabonner hängen an ihr. Das Bähnchen sei vielleicht ein bisschen unbequem, aber schließlich auch ein Wahrzeichen der Stadt, meint Lidia Jorge. Und die beste Art, die Alfama, ihr Lieblingsviertel zwischen dem Castelo São Jorge und dem Tejo-Ufer, zu erkunden.

Ruhiger wohnen: Die Beco do Maquinez ist eine reine Wohnstraße. Lokale und Geschäfte liegen um die Ecke

Erst einmal muss das innen holzgetäfelte Gefährt, Baujahr 1947, die Hügel von Graça erklimmen. Die Gasse wird enger, und die Vorstadt-Häuser rücken einander so nahe, dass man im Vorbeifahren den Bewohnern hinter die Geranientöpfe schauen kann. „Die Poesie ist die einzig wahre Nahrung bei dem bekannten Mangel an Fantasie", steht an einer Hauswand. Ohne Gegenstimmen. Drei zerlumpte Jungen hängen sich ans Trittbrett, um kurz vor dem Largo da Graça, dem Platz der Gnade, mit einem Sprung das Weite zu suchen. Gerade kommt die Straßenbahn in der Rua da Voz do Operário so richtig in Schwung, da muss der Fahrer kräftig in die große silberne Bremskurbel greifen – nicht umsonst wird er auf Portugiesisch *guardafreios,* der Hüter der Bremsen, genannt. Ein Geländewagen parkt so dreist auf der Straße, dass er die Gleise blockiert. Die alte Tante Tram erzittert unter dem ihr eigenen, lauten Protestgebimmel. Fünf Mal. „Paciencia", sagt Lidia Jorge, „paciencia", Geduld, antworten die Fahrgäste wie im antiken Chor. Doch irgendwann platzt auch dem geduldigsten Tramführer der Uniformkragen. Der Mann streicht sich die grauen Haare zurück, holt tief Luft; dann tritt er an das silberlackierte Hindernis und klappt dem nicht vorhandenen *tipo da merda* („Mistkerl") mit lautem Krach den Außenspiegel ein. Um Haaresbreite zirkelt die Tram vorbei. „Der Kerl geht wohl auf der Feira da Ladra seinen Geschäften nach," spekuliert der Alte mit der Lederjacke. Der Markt der Diebinnen, Lissabons größter Flohmarkt, liegt nämlich um die Ecke, hinter der weißen Fassade von São Vicente de Fora, wo die Alfama beginnt.

Schon hat jeder zweite Fahrgast eine Anekdote zur Hand, wie wörtlich der Name des Flohmarkts zu nehmen sei. „Meine Freundin war auf dem Weg zu Wäscherei, als ihr die schönsten Dessous aus dem Auto gestohlen wurden", erzählt Lidia Jorge. O Wunder, einige Bodies, BHs und Tops, die den vermissten Stücken verdächtig ähnlich sahen, habe sie sich tags drauf auf der Feira da Ladra erstehen können. Passten wie angegossen.

In der Rua das Escolas Gerais, die so abenteuerlich eng ist, dass sich die Hausbewohner von gegenüber fast die Hand schütteln können, wird die Tram eingleisig, eine Ampel regelt den Gegenverkehr. Im Vorbeirattern sehen wir eine junge Frau, die wie eine Ballerina im Fensterrahmen steht und mit dem Putztuch zu winken scheint, obwohl sie nur emsig die Scheiben poliert. Genau wie die Einstiegszene in Lidia Jorges erstem großen Roman „Der Tag der Wunder", wo ein Dorf an der Algarve in seiner Abergläubigkeit das Jahrhundertereignis, die Nelkenrevolution von 1974, verschläft. Das Putztuch hat für Frau Jorge fast symbolischen Charakter. „Durch den EU-Beitritt hält Portugal sich für eine moderne Demokratie, aber solange die meisten Frauen nur vier Jahre Schulbildung haben und wir als einziges europäisches Land außer Irland kein Abtreibungsgesetz haben, sind wir doch rückständig, oder?"

Im Largo das Portas do Sol steigen wir aus. Über uns liegt das Castelo São Jorge, Lissabons Trutzburg. Aber wir gehen nicht hinauf, sondern genießen erst mal vom Mirador das Portas do Sol den wunderbaren Ausblick über die Schachtelhäuschen, schauen, wie der Frühlingswind die Wäsche wie weiße Segel flattern lässt, als sei die Alfama ein riesiger voll getakelter Windjammer, allzeit zum Auslaufen bereit. Unter uns liegt blassblau der Tejo, wo tatendurstige Entdecker wie Vasco da Gama und Pedro Cabral auf Nussschalen ausfuhren, um für ihren König ein Weltreich zu erobern. „Schauen Sie, hier steht der Schutzpatron Lissabons – und der aller Seefahrer," sagt Frau Jorge und stellt uns den Heiligen Vinzenz, einen alten Bekannten aus ihrer Heimat, der Algarve, vor. Versonnen blickt der Heilige von seinem Marmorsockel und streckt uns ein Segelschiff mit zwei Raben entgegen. Warum Raben? „Weil sie seine Beschützer waren", sagt Lidia Jorge. Während der Maurenzeit wurden die Gebeine des Märtyrers in einer Seefahrerkapelle beim berühmten Kap São Vicente an der Algarve aufbewahrt, stets von zwei Raben bewacht. Erst nachdem die Christen die Mauren 1147 aus dem Castelo São Jorge vertrieben hatten, brachten sie St. Vinzenz in die Alfama – samt seinen gefiederten Bodyguards.

Alfama bedeutet auf Arabisch „heiße Quellen“. „Hier berühren sich alle Kulturen, die uns geprägt haben“, sagt Frau Jorge, „für mich sieht das Viertel noch heute wie eine orientalische Kasbah aus.“ Nach dem Abzug der Mauren residierten christliche Adelige und reiche jüdische Kaufleute am Burgberg, bis die Juden im 16. Jahrhundert aus Portugal vertrieben wurden. Dann zogen Handwerker, Hafenarbeiter und Seeleute zu, Dirnen, Diebe und Tagelöhner machten die Alfama bald zum verrufensten Quartier. Als an Allerheiligen 1755 das große Erdbeben 30 000 Lissabonner begrub und Häuser, Kirchen und Paläste zerstörte, klagten die Kirchenmänner gar viel über Gottes Strafgericht. Doch ironischerweise blieb das Sündenbabel am Burghügel nahezu unversehrt, „denn hier“, sagt Frau Jorge und zeigt mit der Hand auf Gestein zwischen Farnwurzeln, „hier sind die Häuser auf Fels gebaut.“

Noch heute ist die Alfama ein Armenviertel, wo Anmut und Verfall, Ehrbarkeit und Nepp, Volksfrömmigkeit und Kitsch dicht beieinander wohnen. Wer Reminiszenzen des Orients sucht, wird sie auch im Foto-, Handy- und Internet-Zeitalter finden. Der Bettler mit seinem Klagegesang an der Travessa de Santa Luzia beim Aufgang zur Burg, klingt er nicht wie ein Muezzin? Die Schatten spendenen Torbögen, das Verwirrspiel der Gassen, die holzverkleideten Balkons, hinter denen dralle Frauen mit Kittelschürze hervorschauen, erinnert das nicht an Tausendundeine Nacht? Die Gemüseläden, wo Datteln, Feigen, Melonen und Kirschen zum Anbeißen drapiert sind; die alten Männer, die auf klobigen Holzstühlen vor den Cafés und Kneipen sitzen und Domino spielen – an jeder Ecke ein Hauch von Orient im Okzident.

Die idyllischen Hinterhöfe sind ein wichtiger Kommunikationspunkt für die Alfama-Bewohner. Sobald die Hitze nachlässt, trifft man sich hier auf einen Schwatz

Schneidermeister Carlos Alberto Gaspar dos Santos näht seit 40 Jahren Herrenanzüge in seinem kleinen Laden in der Rua dos Remédios

Früher allerdings roch es in den Treppengängen der Alfama anders – nach Stockfisch und Kaffee, nach gegrillten Sardinen und Seifenpulverflocken, welche die vielen Waschfrauen, die hier ihr Brot verdienten, in ihre Zuber einstreuten. Die Leute aßen und tranken, arbeiteten, zankten und schliefen bei offenen Türen und Fenstern, weil die Wohnungen so winzig waren. „Der Fado war noch nicht in die Lokale eingesperrt," sagt Lidia Jorge, die in den Sechzigern als Studentin aus ihrem kleinen Algarve-Dorf nach Lissabon kam und nie mehr fort wollte, „alle Mädchen und Frauen sangen im Wettstreit von Herz und Schmerz und Saudade. Aber es war nicht triste, es lag einfach eine tolle Stimmung in den Gassen."

Die Schriftstellerin Lidia Jorge und ihr Lieblingsviertel, die Alfama. Links die Kirche São Vicente, rechts das Panteon Nacional

Heute geht es gedämpfter zu, obwohl die alte Alfama an vielen Ecken ein helles, freundliches Make-up bekommen hat und die Kanarienvögel vor frisch geweißten Hauseingängen zwitschern. Überall kleben „Alfama, amo-te"-Plakate („Alfama, ich liebe dich!"). Dennoch sind viele alte *alfamistas* aus ihren feuchten, engen Wohnungen fortgezogen in Lissabons Hochhausviertel. Da gibt es keine Hinterhof-Romantik, keine blühenden Mimosen und keine steilen Stufen mehr, dafür Fahrstühle, Waschmaschinen und Erlebnis-Einkaufszentren. „Vor 20 Jahren noch war hier in der Rua São Pedro ein Gedränge und Gekreische, das können Sie sich nicht vorstellen," sagt Teresa Gomes, älteste Fischverkäuferin und ein Alfama-Original. Seit über einem halben Jahrhundert hockt die 72-Jährige auf ihrem gepolsterten Schemel, klagt über Ischias und preist ihre fangfrischen Sardinen, Barsche und Brassen an. „Meine Stammkundinnen kommen nach wie vor, aber früher war's witziger, da warfen wir Fischweiber uns die wüstesten Schimpfworte an den Kopf," sagt Dona Terezinha. Nur am 13. Juni, beim Patronatsfest des Heiligen Antonius, der immer nur Antonius von Padua heißt, obwohl er doch in der Alfama geboren wurde, da sei richtig was los hier. Oder zur Fußball-EM, sagt ein alter Mann gegenüber. Wenn der Luis, also Nationalstürmer Luis Figo, ein Tor schieße, dann brause der Jubel von Balkon zu Balkon.

Doch zum Glück gibt es in der Alfama noch viele Unbeugsame, die ihr schönes schäbiges Viertel im Traum nicht aufgeben wollen. Intakte Enklaven wie in der Rua dos Remédios mit ihren Handwerkern, winzigen Geschäften und soliden Kneipen: wie „O Cubelo", wo es wenig Auswahl, aber immer frischen Fisch und Eintopf gibt; wie den Kolonialwarenladen „Delicia do Utremar" mit Kaffee, Kakao, Ingwer und Tee aus Übersee; oder das Reliquiengeschäft mit hunderten von bunt bemalten Heiligenfigurinen – für jedes Herz, für jeden frommen Zweck.

In seinem Atelier Rua dos Remédios 160 finden wir Schneidermeister Carlos Alberto Gaspar dos Santos vergnügt vor sich hin pfeifend. Seit 40 Jahren sitzt er zwischen Stoffballen, gehefteten Anzügen, Maßband, Elle, Steckkissen und Antik-Bügeleisen, gerade zückt er eine gusseiserne Schere, die wohl noch die Monarchie gesehen hat. „Die da," sagt der 65-Jährige und zeigt ins Schaufenster, wo vergilbte Herrenmodezeitschriften vom Sommer 1977 liegen, die alten Schnitte seien gerade wieder groß in Mode. Früher hätten die feinen Herrschaften bei ihm Smokings und Fräcke anfertigen lassen, heute geht es ja salopper zu, aber der klassische Zweiteiler ginge immer noch gut! Auch sein Nachbar, der alte Kunstschmied Jaime Silva kann nicht klagen. „Hab so viel zu tun," sagt er und hämmert seine Bleche, „Messinglaternen, Messingtöpfe, die Leute reißen mir das Zeug ja aus der Hand." Die Hauswand gegenüber, die zur Bäckerei gehört, ist mit wunderbaren altblauen Azulejos aus dem Jahr 1749 verziert. Lidia Jorge zeigt auf unsere alten Bekannten, den Hl. Vinzenz der Seefahrer und den Hl. Antonius von Padua, den ganz speziellen Alfama-Schutzpatron. „Die zwei Heiligen haben uns vorm Großen Erdbeben 1755 beschützt," sagt die Bäckerin mit ihrem adretten weißen Häubchen. „Die werden auch dafür sorgen, dass die Alfama nicht untergeht!", antwortet Lidia Jorge lächelnd. □

Swantje Strieder *schrieb auch die Reportage über die afrikanischen Immigranten in Lissabon.*
Barbara Löschnig, *Fotografin, hätte gern ein Tonbandgerät dabei gehabt, um all die Stimmen, Musik und Geräusche mitzunehmen.*

MERIAN | INFO

Lidia Jorge zählt mit José Saramago und António Lobo Antunez zu den bedeutendsten Autoren Portugals. 1946 in der Algarve geboren, studierte sie später in Lissabon Romanistik. Während des Kolonialkriegs lebte sie mit ihrem Mann, einem Offizier, vier Jahre lang in Mosambik und Angola, heute lehrt sie Literatur an der Universität Lissabon.

In jüngster Zeit erschienen:
*Nachrichten von der anderen Seite der Straße – praller Lissabon-Roman, 1996;
*Paradies ohne Grenzen – Roman über jugendliche Grenzgänger, 1997;
*Eine Liebe – federleichte Erzählung,1998;
*Die Decke des Soldaten – Familienroman von der Algarve, 2000.
Allesamt bei Suhrkamp, Frankfurt

Belém – Geschichte in Stein

Ob Jerónimos-Kloster, Torre de Belém oder das Denkmal der Entdeckungen – der Stadtteil an der Tejomündung erinnert an Portugals große Zeiten

Text: Peter Koj

Wer sich Lissabon von See nähert, erlebt eine Überraschung: Nicht etwa die weltberühmte Torre de Belém, das Wahrzeichen der Stadt, begrüßt die einlaufenden Schiffe als erstes, sondern ein futuristisch anmutendes Gebäude. Es ist ein siebenstöckiger Quader, windschief nach Osten gekippt, als hätten die Atlantikstürme ihn fast umgeweht. Doch der schiefe Turm von Lissabon hat es in sich. In den oberen drei Stockwerken ist ein modernes Kontrollsystem untergebracht, das für die Überwachung dieses viel befahrenen Wasserweges sorgt und unter anderem die portugiesische Küste vor weiteren Ölverschmutzungen bewahren soll. Der Architekt Gonçalo Byrne hat die im Jahr 2001 eingeweihte Ikone der Schifffahrt bewusst als modernes Pendant zur altehrwürdigen Torre de Belém gestaltet.

Tradition verpflichtet, denn es gibt wohl kaum einen Ort auf der Welt, wo die Geschichte eines Landes derart konzentriert und noch heute greifbar ist. Belém, sagt man, sei die „Stein gewordene Geschichte Portugals". Belém – das war das Cape Canaveral des 15. Jahrhunderts. Hier legten sie ab, die Karavellen der portugiesischen Entdecker, und hierher kehrten sie zurück, mit dezimierter Mannschaft, aber voll exotischer Waren und Reichtümer.

Belém – Bethlehem, schon der Name ist Programm. Heinrich der Seefahrer war der Namensgeber: Er benannte die alte Wallfahrtskirche Nossa Senhora da Estrela („Unsere Frau vom Stern") um in Santa Maria de Belém. So kam die den portugiesischen Entdeckerreisen übergestülpte Kreuzfahrerideologie noch besser zum Tragen: Maria, die Schutzpatronin der Seefahrer und Bethlehem, der heilige Ort, den es von den Ungläubigen zu befreien galt. Aus der kleinen Wallfahrtskirche ist das heutige Jerónimos-Kloster geworden, das bedeutendste Denkmal manuelinischer Baukunst, Unesco-Weltkulturerbe und Lissabons Touristenattraktion Nummer eins.

Praia das saudades e lágrimas – „Strand der Sehnsüchte und der Tränen" - hieß der Anleger im Stadtteil Restelo im Volksmund, so herzzerreißende Szenen müssen sich bei der Abfahrt abgespielt haben. Heute ist es schlicht der Porto de Belém: zwei kleine Becken, einer von der Marine genutzt, im anderen dümpeln die Yachten eines Segelclubs. Die Bootsleute sitzen auf der Terrasse des Clubheims, durch eine Markise gegen die helle Sonne geschützt. Während sie über ihren letzten Törn fachsimpeln und an einem Glas Bagaceira nippen, wandern ihre Blicke über den Tejo. Flussaufwärts gleiten die großen Containerschiffe, aber auch Kreuzfahrt-Luxusliner, die Lissabon zum meistangesteuerten Passagierhafen Europas machen.

Der Schienenstrang der Vorortbahn, mit der wir aus Lissabon bequem in gut zehn Minuten nach Belém gegondelt sind, verläuft dort, wo vor ein paar Jahrhunderten noch Schiffe den Fluss hinaufsegelten. Der Tejo hat

Kicken vor grandioser Kulisse: Die Torre de Belém wurde unter Manuel I. in den Jahren 1515-20 errichtet und diente als Festungsturm, zeitweise auch als Gefängnis. Heute: das Wahrzeichen Lissabons

seitdem seinen Lauf nach Süden verlegt, und so liegen alle Gebäude, die direkt am Tejo errichtet wurden, nun mehrere hundert Meter vom Ufer entfernt. Neben der Bahntrasse verläuft eine vierspurige Uferstraße, die Avenida da Índia, auf der sich jeden Tag zehntausende Autos Richtung Stadtzentrum drängen.

Über diesen neuen Fluss aus Blech und Chrom führt eine Fußgängerbrücke vom Bahnhof Belém zur Praça Afonso de Albuquerque. Hier empfängt uns eine schattige Gartenanlage mit gepflegten Rabatten und einem kleinen Teich. Die Luft ist erfüllt vom strengen Geruch der frisch geschnittenen Buchsbaumhecken. Auf einer der kühlen Marmorbänke turtelt ein Liebespaar, er hellhäutig, sie mit dunklem Teint, der auf Vorfahren aus dem ehemals portugiesischen Goa schließen lässt. Eine Bronzefigur schaut scheinbar achtlos über sie hinweg, dürfte die Szene aber gut heißen. Es ist das Denkmal des zweiten Vizekönigs von Indien, Afonso de Albuquerque, Symbolfigur der Überseeaktivitäten: Berüchtigt für seine blutigen Feldzüge, steht er aber auch für portugiesische Assimilationspolitik, die angeblich keine Rassendiskriminie-

Einen Ort „der köstlichen Harmonie, tief und zärtlich religiös“, nannte Pessoa das Jerónimos-Kloster

rung kannte. So forderte er Mischehen seiner Soldaten mit den Töchtern Indiens und stiftete innerhalb kürzester Zeit 150 solcher Ehen. Am Fuß seines Denkmals – von dem Liebespaar unbeachtet – blicken vier steinerne Elefanten in die vier Himmelsrichtungen. Trotz ihrer großen Ohren der indischen Spezies zugehörig – denn Indien, nicht Amerika oder Afrika, war das Objekt der Begierde.

„Gewürze und Christen zu finden“, so lautete der königliche Auftrag, als Vasco da Gama am 8. Juli 1497 in Belém auslief und als Erster den Seeweg nach Indien fand. Die neue Gewürzroute begründete den Reichtum Portugals. Einen Eindruck von dieser Pracht vermittelt das dem Turm gegenüberliegende Kutschenmuseum. Im Salão nobre (Adelssaal) befindet sich ein weltweit einmaliges Ensemble von 54 historischen Kutschen, Tragen und Sänften, eine prunkvoller als die andere.

Auf dem Weg Richtung Jerónimos-Kloster locken auf der Südseite der Rua de Belém eine Reihe gut geführter Restaurants. Wir heben uns den Kaffeedurst noch eine kleine Weile auf, denn ein paar hundert Meter weiter, wieder auf der nördlichen Straßenseite der Rua de Belém, wartet eine wahre Pilgerstätte für Belém-Reisende, die Fábrica dos Pastéis de Belém.

Schon im Eingangsbereich empfängt uns würziger Zimtgeruch. Zimtstreuer stehen auf allen Tischen des historischen Kaffeehauses mit seinen schön gefliesten Wänden. Die Kellner schleppen tablettweise ofenwarme *pastéis de nata*, Sahnetörtchen, heran, die mit Zimt oder Puderzucker bestreut werden. Unser Kellner José berichtet stolz: „Wir verkaufen täglich rund 10 000 Pasteten.“ Die Kunst, so sagt er, liege in dem Kontrast der kross gebackenen Blätterteigform und ihrer Füllung, einem Gemisch aus Vanillecreme und Sahne. Das genaue Rezept verrät José natürlich nicht. Es wurde von Nonnen geerbt und über die Jahrhunderte mündlich tradiert. Nur vier Mitglieder des Hauses kennen es, und diese dürfen nie zusammen reisen – nicht auszudenken, wenn alle vier mit demselben Flugzeug abstürzten!

Vor dem Jerónimos-Klosters reihen sich die Reisebusse. Eine Schülergruppe hockt missmutig auf den Stufen des südlichen Kirchenportals, während sich eine Gruppe Japaner nicht satt fotografieren kann an der üppigen manuelinischen Ausgestaltung der Fassade mit seinen maritimen Moti-

Der Kreuzgang des Jerónimos-Klosters: Im Dekor der 28 Gewölbesegmente aus Kalkstein verschmelzen in berauschender Üppigkeit Kunsteinflüsse aus Orient und Okzident

Grab Manuels I.
Neben König Manuel „dem Glücklichen“ sind seine Frau Maria und sein Nachfolger João III. mit Gemahlin Catarina beigesetzt.

Kreuzgang
Meisterwerk der manuelinischen Architektur. Üppiges Dekor und Ornamente mit stilisierten Pflanzen und Tierfiguren schmücken die doppelstöckigen Arkaden.

Hauptschiff
Schlanke, achteckige Säulen tragen das Kirchengewölbe. Die Wände sind schmucklos und bilden so den ruhigen Gegenpol zu den verspielten Deckendekorationen.

Grabmal König Sebastiãos
Das Kenotaph von König Sebastião befindet sich in der Südkapelle. Sebastiaõ fiel 1578 in der Schlacht von Alcacer, Portugal geriet bis 1640 unter spanische Herrschaft.

Altarraum
Die Sarkophage der Königspaare werden von steinernen Elefanten getragen, deren Zähne aus dem ersten aus Indien eingeführten Elfenbein gefertigt sind.

Grabmal des Vasco da Gama
Der Sarkophag des großen Entdeckers befindet sich links am Eingang, rechts das Kenotaph des Dichters Luís de Camões.

Refektorium
Die Wände des rechteckigen Speiseraums sind mit Azulejos aus dem 18. Jh. dekoriert, auf denen u.a. die Speisung der Fünftausend dargestellt ist.

Südportal
Aufwändige, fein ziselierte Steinmetzarbeiten im spätgotischen und manuelinischen Stil. Die Reliefs im Torbogen zeigen religiöse Motive.

Jerónimos-Kloster

Den Grundstein für den Bau legte König Manuel I. 1502. Finanziert wurde das Unternehmen mit den exorbitanten Gewinnen aus den Indienfahrten. Die Bauzeit zog sich über 70 Jahre hin, fünf Architekten gestalteten den Bau, der als Juwel des manuelinischen Stils gilt. Dieser rein portugiesische Stil kombiniert architektonische Elemente der Gotik mit denen der Renaissance und verbindet diese mit königlicher und naturalistischer Symbolik. 1984 wurde das Jerónimos-Kloster in die Liste des Unesco-Weltkulturerbes aufgenommen.

Belém war das Cape Canaveral des 15. Jahrhunderts

ven: Schiffstaue, Algen, Muscheln. Und über allem thront Maria mit dem Jesuskind, Patronin der Seefahrer.

Doch was hat die Seefahrt Portugal gebracht? Fernando Pessoa, Portugals größter Dichter des 20. Jahrhunderts, im Kreuzgang des Klosters beigesetzt, hat seine ganz eigene Antwort: *Ó mar salgado, quanto do teu sal / São lágrimas de Portugal… / Para que fosses nosso, ó mar! / Valeu a pena? Tudo vale a pena / Se a alma não é pequena.* (Salzige Flut, wie viel von deinem Salz / sind Tränen Portugals… / auf dass du unser seist, o Meer! / Lohnt' es die Müh'? Die Müh' ist nie verloren, / wenn nur die Seele groß geboren.)

Was Pessoa gemeint haben könnte, wird deutlich beim Besuch des Marinemuseums, das im Westflügel des Jerónimos-Klosters untergebracht ist. Eine Fülle von Exponaten zur Geschichte der Entdeckungen und der Seefahrt bergen die Säle und lassen nachvollziehen, mit wie viel „Müh' und Tränen" die portugiesische Seefahrt verbunden war. „Ein Dorado für Segelfreunde und Hobby-Historiker" nennt Konteradmiral Rogério d'Oliveira, der Präsident der Marineakademie, das Museum und verweist auf die Sammlung nautischer Geräte, mit deren Hilfe sich die Portugiesen auf die unbekannten Ozeane wagten, wie die von den Arabern entwickelten Astrolabien und die Armillarsphären, die sogar Eingang in das portugiesische Staatswappen gefunden haben.

Vor dem Jerónimos-Kloster warten auf der Praça do Império weitere geschichtsträchtige Sehenswürdigkeiten: der Leuchtbrunnen (Fonte luminosa) und das Denkmal der Entdeckungen (Padrão dos Descobrimentos) am Ufer des Tejo. Das Denkmal wurde 1960, zum 500. Todesjahr von Heinrich dem Seefahrer eingeweiht – mit einem im Durchmesser 50 Meter großen Mosaik zu Füßen, einer Windrose mit Weltkarte, welche die Entdeckerrouten mit Jahreszahlen zeigt. Und so ragt er nun in den blauen Himmel Richtung Tejo und Atlantik: ein stilisierter Schiffsbug, auf dem sich 32 Figuren der portugiesischen Entdeckergeschichte drängen, Seefahrer, Mathematiker, Mönche, gekrönte Häupter, aber auch der Velho do Restelo, der Alte aus Restelo, der in Camões' Lusiaden, dem großen portugiesischen Epos, das Unternehmen Vasco da Gamas in Frage stellt und noch heute sprichwörtlich für einen rückwärtsgewandten Nörgler steht. An der Bugspitze, alle anderen überragend, Heinrich der Seefahrer mit einer Miniaturkaravelle in der Rechten und einer Weltkarte in der Linken.

Der „Schiefe Turm" am Tejo ist das moderne Pendant zur manuelinischen Torre de Belém

Auf dem breiten Plattenweg schlendern wir Richtung Torre, umschwärmt von Rad fahrenden Kindern und Eis schleckenden Touristen. Im warmen Licht der untergehenden Sonne glüht der Sandstein dieses wohl schönsten Bauwerks des manuelinischen Stils in ockerfarbenen Tönen. Von der militärischen Bestimmung zeugen Zinnen und Kanonen. Die Torre de Belém ist Monument Portugals überseeischer Hoffnungen und Bestrebungen. In der filigranen Ausgestaltung haben die Steinmetze überall das Kreuz des Christusordens ausgespart, unter dem die Entdeckerschiffe in See stachen. Auf dem Vorhof über den Kasematten eine Marienfigur mit Jesuskind und dem bezeichnenden Namen Nossa Senhora do Bom Sucesso („Mutter Gottes vom Guten Erfolg"). Die hieran anschließende Festung kündet jedoch vom Gegenteil: Rund um einen erleuchteten Teich mit dem Denkmal für die ehemaligen Soldaten sind an den Außenwänden der Festung Tafeln mit Tausenden von Namen junger Männer angebracht, die den Traum ihrer Machthaber von einem portugiesischen Imperium mit dem Leben bezahlten – „Salzige Flut, wie viel von deinem Salz / sind Tränen Portugals…" □

Kuchen-Klassiker: In der Fábrica dos Pastéis de Belém werden täglich 10 000 hausgemachte Sahnetörtchen verkauft. Das Rezept ist Geheimsache

Dr. Peter Koj *lebt in Hamburg, ist Kulturreferent der Portugiesisch-Hanseatischen Gesellschaft und war sieben Jahre Lehrer an der Deutschen Schule in Lissabon.*

>> Eine detaillierte Karte von Belém finden Sie auf der Rückseite des herausnehmbaren Faltplanes

VON WEGEN SAUDADE. SCHWERMUT UND MELANCHOLIE SIND EIN LISSABON-KLISCHEE VON GESTERN. DAS JUNGE LISSABON LEBT, TANZT, LACHT. UND MACHT DABEI DIE NACHT ZUM TAGE – ODER UMGEKEHRT

TEXT: VERENA LUGERT

Wenn sich der Schein der Abendsonne wie Rouge auf die Wangen der Häuser legt, mit den länger werdenden Schatten der Blumenkästen die Wimpern der Fenster tuscht, wenn der Tag Abschied nimmt, macht sie sich bereit, die Nacht von Lissabon.

„Wir stiegen die winkligen Gassen empor. Es roch nach Fischen, Knoblauch, Nachtblumen, toter Sonne und Schlaf. Das Kastell São Jorge wuchs im steigenden Mond zur Seite aus der Nacht, und das Licht stürzte wie ein Wasserfall in Kaskaden die vielen Stufen hinab," schrieb Erich Maria Remarque in den sechziger Jahren in seinem Roman „Die Nacht von Lissabon".

Heute riecht es in diesen Gassen nicht mehr nach Schlaf, sondern nach Haschisch. Und die Nacht ist so wach, dass Nachtschwärmer von ihr schwärmen.

Im Bairro Alto findet das Feiervolk sein Entree. Dort, im kopfsteinernen Labyrinth der Oberstadt, sind die Straßen von schönen Menschen verklumpt. In den kaum meterbreiten Gässchen treffen sie sich, die Jungen und Älteren, die Alternativen, die Maler und die Musiker. Die Langweiler und die Gelangweilten. Die Neokommunisten, die Lehramtsstudenten und die Regisseure der off-Bühnen und der off-off-Bühnen. Halten ihr Bier in der Hand, oder ihren Gin-Tonic, begrüßen sich, in Lissabon kennt jeder jeden.

In der Bar „Mahjong" sitzen sie, mit zigarettenbewehrten Händen, tragen indisches Tuch und Adidas-Streifen, diskutieren und brüten, die Arme auf Resopaltischchen gestützt, unruhig, wippend. „Mais uma cerveja, se faz favor," noch ein Bier, und Senhor Li schiebt noch ein Imperial über den Tresen, das Lissabonübliche 0,2-Fingerhütchen. Drei Jungs und ein Mädchen mit Turban und Rock, drunter Hose, spielen am Kicker. An der ochsenblutroten Wand hängt eine Tafel mit chinesischen Zeichen, das „Mahjong" war früher ein China-Restaurant.

Es geht auf die Straße, den surrenden Bienenkorb, ein Club am anderen, intime Läden, gestylte Clubs und gemütliche *tascas*. Das sind kleine Kneipen mit schachbrettgroßen Tischen. Da sitzen alte Männer und junges Volk, das Bier kostet wenig und manchmal gibt's Fado, die Wände sind vom Rauch patiniert. Man holt ein Bier und geht wieder raus auf die Straße, trifft Freunde, verabredet sich in die nächste Bar.

In der „Capela", wo schicke Menschen trinken, sich abschätzen, Spaß haben oder sich mit umflortem Blick ins Nirgendwo versenken. Am *balcão*, dem Tresen, wippen die Wartenden die hypnotischen Elektro-Beats mit. Weihwasserkessel zieren die Wände, in den Toiletten klingen gregorianische Choräle. Sakral geht es zu in der Capela, der Kapelle. Wieder raus, ins Purex. Da ist heute Skip-Party, man feiert ein Waschmittel, sich selbst, die Ironie? Auf jeden Fall ist es hervorragend lustig, in der Bar sind Wäscheleinen gespannt, Lara, die Chefin, trägt ein Hütchen aus Skip-Karton und Gummihandschuhe. Als die Stimmung überschäumt, drängen die Freunde auf die Straße. In Lissabon wird nachts nirgendwo lange verweilt.

Die eintrittfreien Clubs, die laue Lissabonner Luft und die intime Enge des Bairro Alto begünstigen dieses Sich-Bewegen, das Sich-Vorwärts-Schieben, zielgerichtet im Chaos. Wie um die Kaaba herum in Mekka umkreist hier die Menge das „Frágil", die Clublegende schlechthin in der Stadt.

„Das Frágil hat eine Zeitenwende markiert. Mit dem Frágil kam 1982 überhaupt erst eine Form von großstädtischem Nachtleben in unsere Stadt," schwärmt Carolina. In der Rua da Atalaia, in der Nummer 126, ist die Pforte ins hippe Glück. Schmal und bescheiden zwar, aber lange Jahre die meistgefürchtete Tür Lissabons. Aus den Schmetterlingen der Nacht wurden nur die schillerndsten Falter gewählt – Künstler, Regisseure, Musen.

„Es war eine einzigartige Mischung," sagt Carolina. „Ich kam nur rein, weil ich Freunde hatte, die mich mitnahmen."

Sie ist heute mit Rodrigo Leão verheiratet. Er hat die Fadopop-Gruppe „Madredeus" mitbegründet, die durch

Heiße Nacht, coole location: Direkt am Tejo,

NaCHTschwarm

im Lux, dem durchdesignten Riesenclub, treffen sich die Reichen und Schönen Lissabons. Mitbesitzer ist Hollywood-Schauspieler John Malkovich

Am Hafen, bei den alten *docas*, ist eine bunte, lebendige Clubszene entstanden

Wim Wenders Film „Lisbon Story" weltberühmt wurde.

Carolina führt den Laden mit vier Freunden, die wie sie der Magie dieses Ortes verfallen sind. Jetzt ist das Publikum bunt gemischt. Auch wenn man immer noch klingeln muss, Belinda die Türe einen Spalt breit nur öffnet und den Gast mit Augen, die tief unter dem nachtschwarzen Pony liegen, durchdringend mustert.

Paschmina-Schals und Palästinenser-Tücher sind zu sehen, an den Wänden hängt Kunst, in Vasen spreizen Papageienblumen ihre einzelnen Blüten kapriziös, auf den Sofas streckt die Szene ihre Beine aus.

Erfinder des „Frágil" ist Manuel Reis, der Patriarch der Nacht von Lissabon. Er hat das „Frágil" verkauft, weil er unten am Fluss, bei den Schiffen und Kränen, in einem alten Lagerhaus den Superclub „Lux" aufgemacht hat.

Doch dahin geht es noch nicht, es ist ja erst drei Uhr. Erst mal in die Großbäckerei in der Rua da Rosa, die in der Nacht backt. Ein *pão com chouriço* holen. Ein Brötchen, das ofenwarm in der Hand liegt und in das eine Knoblauchwurst eingebacken ist. Deren Fett kleidet die Magenwand aus, soll sie imprägnieren gegen all die Alkoholika, die da noch ihren Weg durch den Körper nehmen werden, heute Nacht, morgen früh.

Hinunter zum Fluss! Auf dem Weg noch vorbei ins „Incógnito", einem Club ohne Namen an der Tür. Auch hier erfolgt Einlass nur auf Klingeln. Junge Szenemenschen sitzen auf orangegeriffelten Stühlen, die übereinander geschlagenen Beine enden in bunten Turnschuhen. Andere zucken auf der Tanzfläche zu harten Houseklängen, die sich wie Wogen rhythmisch über ihnen brechen.

Dann am Hafen das „Lux". Weiß wie ein Schwan im Spiegel des Tejo. Eine lange Schlange draußen, drinnen drängen sich die Schönen der Stadt. Das „Lux" ist ein durchdesignter Riesenclub, oben Lounge, unten Disco, auf dem Dach Blick über das Wasser. Musik von den besten DJs der Welt, rote Lacksofas, die jede darauf sitzende Frau zur Diva überhöhen. Das „Lux" ist Bühne, der Hollywood-Schauspieler John Malkovich ist Mitbesitzer.

Auf der Dachterrasse saugt man die Lungen voll atlantischer Salzluft und prostet den Frachtkränen zu, die im hysterischen Lichtgewitter in stählerner Stoik verharren.

Es ist sechs, Zeit für das „OpArt", einen Glaskubus bei den Docks, direkt unter der roten Brücke, der Ponte 25 de Abril. Im „OpArt" toben die Tänzer und feiern eine Messe aus Ekstase und elektronischer Musik.

Der Mond bricht sich im Gekräusel des Tejo, die Wellen werfen den Schimmer wie Stroboskope zurück. Am anderen Ufer breitet Christus seine Betonarme aus.

Ilídio steht am DJ-Pult und segnet die Gläubigen mit seinem Sound. Im Takt zur Musik bewegen die Fensterputzer außen ihre Feudel an der Glasfront auf und nieder. Es wird hell.

Die Stadt hebt ihre schweren Lider. So wird es nur in Lissabon Licht: Die Sonne klopft an als zartweißer Schein, der rasend schnell zum Gleißen wird. Ein Gleißen, das die harte Geometrie von Brücke und Fluss, den Streben und Diagonalen, mit mathematischer Klarheit zeichnet.

Lissabonner Licht, *luz de Lisboa*, das vom Tejo reflektiert, von den weißen Häusern zurückgeworfen und vom Atlantik ins Unendliche verstärkt wird. Es lässt die mit Comics bedruckten T-Shirts leuchten. Die Menschen tanzen weiter, im Club und draußen am Ufer, sie tragen Sonnenbrillen, wenn das Licht die Sehnerven reizt.

Es ist acht. Die Nacht wird verlängert.

Lissabon feiert, Lissabon flieht. Vor Arbeitslosigkeit und Krisen, die das Land heimgesucht hatten, die die portugiesischen Augen noch trauriger und den Blick Richtung Meer noch häufiger machten. Nur vier von sechzig Nationen blicken nach einer Umfrage noch pessimistischer in die Zukunft als Portugal. Doch jetzt wird gefeiert.

Diverte-te à séria! Spaß haben, aber ernsthaft. „Para onde vamos agora?", wohin geht es jetzt, zirpt die Menge. Das werden sie noch viele Stunden fragen.

Remarque schreibt: „Ich sah zum Hafen hinunter. Da unten war der Fluss, und der Fluss war die Freiheit, er war das Leben, er mündete in das Meer."

Es ist elf. *Para onde vamos agora?*

Auf das Wasser! Es ist Afterhour-Party auf einem Boot, das sanft unter der Wucht der Beats zittert. Die Menschen tanzen weiter, wollen sich spüren in der Resonanz der Bässe, wollen leuchten, zucken, sein. Bis nachmittags um drei tobt sie am Fluss noch weiter, die Nacht von Lissabon. □

Verena Lugert, *Autorin aus Berlin, schlug sich für dieses Heft nicht nur die Nacht um die Ohren: sie schrieb auch über Azulejos und den Strandausflug.*

MERIAN | TIPP Clubs

Mahjong Rua da Atalaia 8
Capela Rua da Atalaia 45
Purex Rua das Salgadeiras 28
Frágil Rua da Atalaia 126
Brotfabrik mit Nachtverkauf
Rua da Rosa 186
Incógnito Rua Poiais de São Bento 37
Lux Avenida Infante Dom Henrique
Armazém A – Cais da Pedra
de Santa Apolónia
OpArt Doca de Santo Amaro
Paradise Garage (Afterhour Club, richtete die Party auf dem Boot aus)
Rua João Oliveira Miguens 38-40

Text: Anja Haegele, Fotos: Marei Wenzel

Die Lissabonner sind zwar besonders stolz auf ihre riesigen Einkaufszentren wie das Colombo oder das Vasco da Gama. Wir aber finden die **kleinen Spezialgeschäfte** viel, viel toller!

Lässige Läden

215 Jahre Kerzen

„Als das elektrische Licht erfunden wurde, hatten wir einen schmerzhaften Umsatzeinbruch", sagt Marguerida de Sá Pereira, wenn man sie fragt, wie viele Kerzen sie verkauft.

In der **Caza das Vellas Loreto** werden seit 215 Jahren Kerzen hergestellt und verkauft. Am beliebtesten sind die aus Bienenwachs

Der Besucher stockt, stammelt, „... aber das ist ... hm ... lange her, nicht wahr?" – „125 Jahre", bestätigt die 52-Jährige. „1879 wurde die Glühbirne erfunden." Ihr Kerzenladen „Caza das Vellas Loreto" ist 90 Jahre älter. Immer noch in der Hand derselben Familie ernährt er mittlerweile zehn Mitarbeiter. Die Regale sind 215 Jahre alt und aus kunstvoll geschnitztem Teakholz. Ein warmer, heimeliger Duft nach Bienenwachs und Honig liegt in der Luft und Marguerida de Sá Pereira führt stolz ihr Sortiment vor.

„Heute sind Kerzen Dekorationsobjekte geworden, und als solche verkaufen sie sich gut", erklärt sie. Während zu Zeiten ihres Urgroßvaters die Kerzen noch unverzichtbare Haushaltsgegenstände waren, ihr Großvater durch die aufkommende Elektrifizierung Umsatzeinbrüche zu verkraften hatte und ihr Vater das Geschäft rettete, indem er sich auf Opfer- und Taufkerzen spezialisierte, versuchen auch Marguerida und ihr Bruder am Puls der Zeit zu sein: 98 Prozent der Kerzen, die sie verkaufen, stellen sie in der kleinen Werkstatt, die an den Laden angrenzt, selbst her. Runde, eckige, ballförmige und duftende Kerzen, mehr als tausend verschiedene, jedes Jahr neue, in allen Farben, matt oder glänzend. Es gibt kunstvoll verzierte Leuchter, für die Blumenmotive per Hand aus dem noch warmen Wachs gezupft und dann bemalt werden, „für eine festliche Tafel". Und es gibt die Bienenwachskerzen, die, Marguerida betont es, „immer noch so hergestellt werden wie 1789, als der Laden eröffnet wurde."

Die Dochte hängen an einem Holzring, und ein Arbeiter gießt mit einem großen Holzlöffel flüssiges Wachs darüber. Schicht für Schicht, Löffel für Löffel, bis die Kerze fertig ist. Drei Stunden dauert es, eine 1,5 Zentimeter dicke Kerze auf diese Weise herzustellen – einschließlich der Wartezeit, bis die Wachsschichten getrocknet sind. Diese bernsteinfarbenen Kerzen sind der Bestseller der Sá Pereiras. „Die Kunden lieben Bienenwachs", sagt Marguerida, die den dicksten Stumpen, sieben Zentimeter Durchmesser, für zehn Euro verkauft. „Es ist gute Qualität, die bis zum letzten Rest herunterbrennt, es ist ein wunderbarer Duft, und keine Glühbirne der Welt wirft ein so schmeichelndes Licht wie eine Bienenwachskerze."

(K 6) **Caza das Vellas Loreto,**
Rua do Loreto 53, Tel. 213 42 53 87
Mo-Fr 9-19, Sa 9-13 Uhr

Klamotten & Frisuren

Carlos Raposo, 34 Jahre alt, ist ein netter kleiner Typ mit großer Klappe. „Das, was ich mache, mache ich sehr gut." Er trägt Hip-Hop-Hosen, schwarze Haare, kurzen Pony, lange Koteletten, viel Haarwachs. Vor acht Jahren, als er noch studierte, gab es im Bairro Alto – dem Viertel in dem er aufwuchs – fast nur Bars, Restaurants und Discotheken. Nachts drängten sich die Menschen auf den Straßen, tagsüber war das Viertel verwaist. Carlos Raposo gefiel das nicht. Er lieh sich Geld, mietete einen kleinen Laden, strich die Wände knallgelb und eröffnete eine Boutique. „Nur so, zum Spaß."

Heute gehören ihm und seinem Partner drei Läden im Bairro Alto. Sie verkaufen die hippsten Klamotten, sie haben eine Bar und einen Friseur, der bis Mitternacht arbeitet. Sie beschäftigen 20 Angestellte. Sie sind dabei, ein eigenes Modelabel zu gründen. Raposo: „Es ist echtes Business geworden, aber Spaß macht es immer noch."

Kaum war der erste Laden, „Agência", eröffnet, ließ Raposo dort abends Theatergruppen auftreten. „In zwei Jahren haben wir 6000 Tickets verkauft. Da brauchten wir natürlich eine Bar. Theaterleute wollen trinken", erklärt er. Fortan schenkte er Port, Bier und Vermouth aus. Irgendwann sprachen ihn drei Mädchen an, die vorschlugen, eine Ecke seines Ladens abzutrennen für einen Friseursalon, der auch abends geöffnet sein sollte. „Eine tolle Idee. Alle Frauen die ich kenne, haben ihre bad-hair-days nach 20 Uhr", sagt Carlos Raposo.

Der Erfolg war überwältigend und sorgte für Gesprächstoff: „Ich will, dass die Leute sich bei uns wohlfühlen. Deshalb frage ich sie, was ihnen gefällt, und versuche, mich danach zu richten", erzählt Raposo. In solchen Kundengesprächen lernte er, dass nicht jeder das Retro-Ambiente von „Agência" mag. Die Geburtsstunde einer neuen Idee: „Wir brauchen für jedes Zeitalter einen eigenen Laden."

Heute steht „Agência" nach wie vor für die sechziger Jahre. Die Wände knallgelb, die Möbel türkis lackiert. Die „Fake Gallery" nebenan ist weiß gefliest, das Licht ist kühl. Aus den Lautsprechern dröhnt die Musik der achtziger Jahre. Und gegenüber arbeitet das „Santonome" mit Videoinstallationen und Elektro-Lounge-musik. Doch so unterschiedlich die drei Läden auch sind – überall sind Reste der 250 Jahre alten Häuser zu erkennen, die Architektur wurde kaum verändert, sie hat sich die Moderne nur übergezogen wie ein hübsches Kleid.

(K 5/6) **Agência,** Rua do Norte 117
Fake Gallery, Rua do Norte 113
Santonome, Rua do Norte 96
Tel. 213 22 54 24, Mo bis So 14-24 Uhr

Drei Shops unter einem Dach: In der **Agência** kann man coole Klamotten kaufen, sich die Haare schneiden lassen und Drinks an der Bar schlürfen

Von ihm lässt sich Lissabons Szene frisieren: Ivo Carmo sieht aus wie ein Model, schneidet aber Haare in der „Agência"

Kaffee & Süßes

Die Kaffeemühle ist rot lackiert, verbeult, ein wenig abgewetzt. Mit einer Messingschaufel füllt der Verkäufer Kaffeebohnen ein, die gestern erst frisch geröstet wurden. Er setzt das Mahlwerk in Gang, die Bohnen splittern, an den Seiten der Mühle dampft Feuchtigkeit ins Freie, kleine duftende Schwaden, warm und würzig, wecke die Kaffeelust. Das fertige Pulver wird in eine Alutüte gefüllt und mit grünem Papier umwickelt, bevor der Verkäufer das kleine Päckchen säuberlich mit einem Bindfaden verschnürt. „A Carioca“ steht auf dem Papier, der Name des besten und ältesten Kaffeegeschäfts der Stadt.

Valdemar Faro weiß alles über Kaffee. Seit 40 Jahren arbeitet er in dem Fachgeschäft im Bairro Alto

Seit 80 Jahren bekommen die Kunden bei **A Carioca** frisch gerösteten Kaffee, Tee und Süßigkeiten

„A Carioca“ verkauft seit 1924 Kaffee, Tee und Süßigkeiten. Die teuerste Mischung: „Cabo Verde Fogo“ für 17,50 Euro das Kilo. Wer sparen muss, kauft je ein Drittel Zichorie, Malz und Kaffee, das Kilo für fünf Euro. Ob Mix oder pur, „hier wird keine Bohne verkauft, die vor mehr als einer Woche geröstet wurde“, sagt Besitzer Carlos Pina. Sein Gesicht verzieht sich angewidert, wenn er von Supermarkt-Kaffee spricht, der „zwischen Röstung und Verbrauch monatelang im Regal liegt.“

Das Geschäft läuft gut, wer bei „A Carioca“ kauft, muss schon mal Schlange stehen. Zum Glück gibt es in der Wartezeit nicht nur Kaffee zu riechen, sondern auch viel zu sehen: verglaste Regale, die bis unter die stuckverzierte Decke reichen, Art-déco-Spiegelschränke, auf denen schwarze Schönheiten mit Kaffee spielen, und Holzschubladen mit chinesischem Paneel, in denen Tee lagert.

Regelmäßig werden aus den Jutesäcken im Lagerraum Kaffeebohnen in gläserne Schuber nachgefüllt, Sorten und Mischungen aus aller Welt mit verheißungsvollen Namen wie „Negrita“ und natürlich „Carioca“. Es gibt große und kleine Bohnen, dicke und schmale, doch die Form habe keinen Einfluss auf den Geschmack, sagt Pina. „Boden, Temperatur, Sorgfalt bei der Ernte und die Röstung bestimmen die Qualität“, erklärt er. „Jeder Kunde muss seine persönliche Lieblingssorte finden und sich dafür durchs Sortiment probieren.“ Pina grinst. „Oder gleich auf die Empfehlung vom Chef hören.“ Und die wäre? „Carioca natürlich“.

(K 6) **A Carioca,** Rua da Misericórdia 9, Tel. 213 42 03 77
Mo-Fr 9-19, Sa 9-13 Uhr

Vier Quadratmeter Handschuhe

Es ist ein kleines Ritual: Carlos Carvalho gibt jeder Kundin die Hand, drückt sie fest und lange und schätzt derweil ihre Größe. Dann schiebt er ein rotes Lederpolster über den Tresen, auf das die Kundin ihren Ellenbogen stützen soll. Er fragt nach Farbvorlieben und ob sie Satin, Wolle oder Leder wünscht. Kalb? Antilope? Wild? Schwein oder Lamm? Der erwählte Handschuh wird mit einer Holzhand gedehnt und mit Talkum ausgepudert, bevor Carvalho ihn zart, aber energisch über die Rechte der Kundin zieht.

„Bei der ersten Probe muss ein Handschuh ganz eng sitzen, denn später dehnt er sich sowieso.“ Damit wirklich jeder Finger vorne anstößt, führt Carvalho von jedem Modell sechs Größen – obwohl es standardmäßig nur drei Handschuhgrößen gibt. Mit gerunzelter Stirn begutachtet er den Sitz seiner Ware, bevor er sie der Kundin abstreift und mit einem großen Pinsel zügig die Talkumreste von ihrer Hand bürstet. Fünf Minuten dauert dieses Ritual – und es wirkt fast immer: „Die Kunden fühlen sich perfekt beraten. Fast niemand, der hier Handschuhe probiert, geht, ohne mindestens ein Paar zu kaufen.“

Die „Luvaria Ulisses“ ist Lissabons kleinster Laden. Nur vier Quadratmeter ist sie groß, überbordend verziert mit goldenem Stuck, Spiegeln, die den Raum optisch vergrößern und verspielten Jugendstilzeichnungen. „Seit der Eröffnung, 1925, wurde kaum etwas verändert“, versichert Carvalho. Der 45-Jährige im grauen Anzug, die schwarzen Haare mit Pomade zum Seitenscheitel gelegt, hat rote Wangen, eng stehende Augen und führt den Handschuhtempel seit 30 Jahren. 5000 Modelle, das günstigste für sieben, das teuerste für etwa 100 Euro zu haben, lagern in winzigen Holzschubladen im schmalen Hinterraum des Ladens. Gefertigt werden sie in der hauseigenen Manufaktur in Lissabon, heute genauso wie vor 79 Jahren.

Carvalho schwört auf die Qualität seiner Ware, gibt „lebenslange Garantien“ und verspricht: „Wenn in 20 Jahren die Nähte kaputt sein sollten, bringen Sie die Handschuhe her – wir flicken sie gratis.“ Qualität, Service oder perfektes Marketing – wenn es kalt wird jedenfalls, stehen die Kunden vor der Luvaria Schlange. Bis zu 150 Paar verkauft Carvalho an frostigen Dezembertagen. „Ich hoffe immer auf niedrige Temperaturen“, sagt er. Auch wenn er dann selbst frieren muss: „In einem so kleinen Laden kann ich nie die Tür schließen, und im Mantel zu arbeiten fände ich unseriös.“ □

(A 2) **Luvaria Ulisses,** Rua do Carmo 87a, Tel. 213 42 02 95
Mo-Fr 9-19, Sa 9-13 Uhr

Rund 5000 Handschuhmodelle führt die **Luvaria Ulisses,** ein schnuckeliges Spezialgeschäft mit einer Ladenfläche von vier Quadratmetern

Handschuhe müssen passen. In der Luvaria sorgt Inhaber Carlos Carvalho seit 30 Jahren höchstselbst dafür

>> weitere tolle Läden und Shoppingtipps im Serviceteil ab Seite 128

König Dom Fernando II. ließ den Palácio da Pena als weltläufiges Märchenschloss bauen: mal gotisch, mal romanisch, mal barock, dazu mit indischem und maurischem Einfluss

Schon die Mauren wussten die kühlen Winde Sintras zu schätzen. Ihre Burg, das Castelo dos Mouros liegt am höchsten Punkt der Serra de Sintra

In Sintra haben sich Könige und Romantiker ihr eigenes Paradies geschaffen. Der deutschstämmige Fernando II. ließ das lusitanische Neuschwanstein bauen, Aristokraten legten geheimnisvolle Gärten an. Ihr Zauber wirkt bis heute

EIN TRAUM VON FERNEN WELTEN

Text: Emanuel Eckardt, Fotos: Leona Goldstein

1 Verwittert: Als einsamer Rückzugsort entstand die Estremadura-Grotte im Park von Monserrate
2 Verwinkelt: Der deutsche Architekt Baron von Eschwege entwarf den Palácio de Pena als verspieltes Zauberschloss ohne Rücksicht auf Konventionen
3 Versteinert: Ein Ungeheuer, halb Mensch, halb Tier, wacht über dem Triontor am Hof des Palácio da Pena
4 Verwunschen: Der Garten der Quinta da Regaleira ist übersät mit Statuen und Grotten, die auf die Rituale von Freimaurern und Alchimisten anspielen

ELEGANT UND EXZENTRISCH

1

2

3

4

Nebel hängen über den Bergen von Sintra, der verwunschenen Tropeninsel auf dem Festland am Rande Europas. Manchmal hüllt sie ihr Haupt in Wolken, Seewind streicht ins dichte Grün ihrer schwelgerisch wuchernden Vegetation. Schmale Straßen winden sich in die Berge, vorbei an zauberhaften Villen in allen Stadien des Verfalls, schlafende Schönheiten, die auf einen Prinzen zu warten scheinen, der sie wachküsst und endlich Handwerker schickt.

Sintra hat viele Prinzen gesehen. Der Ort im Westen von Lissabon war der Sommersitz portugiesischer Könige. Vor ihnen hatten schon die Mauren die mild fächelnden Winde der lastenden Sommerhitze des Hafens Al Oshbuna vorgezogen, der heute Lissabon heißt; nach ihnen bauten Adelige und vermögende Bürger hier ihre privaten Paläste, die sie mit geheimnisvollen Gärten umgaben.

Wenn der Nebel sich verzieht, liegen die Zinnen des **Castelo dos Mouros** in der Sonne; das alte Kastell der Mauren liegt am höchsten Punkt der Serra de Sintra, 454 Meter über dem Meer. Bei gutem Wetter ist von hier Lissabon zu sehen, im Süden das mondäne Seebad Cascais und im Westen die Strände Praia das Maçãs und Praia Grande.

Portugals Könige haben ihren Sommerpalast etwas tiefer gelegt. Der **Paço Real** war mit Kutschen bequem zu erreichen, ein prächtiger Bau. Manuel I., der Glückliche, ließ ihn zu einem Tempel der Genüsse ausbauen, den zwei Küchenschornsteine wie etwas schlicht geratene Kirchtürme überragen. Die Könige sind verschwunden, die Kutschen sind noch da.

Sintra ist ein Sommerhit des portugiesischen Tourismus. Jetzt, im Februar, ist der Platz vor dem Paço Real leer. Im Café gegenüber sitzen einige englische Gentlemen beim Bier. Ein unfreundlicher Kellner kassiert. Das Schloss erstrahlt in unwirklichem Rosa, nicht durch die Abendsonne, sondern von Scheinwerfern illuminiert.

1995 hat die Unesco den Ort Sintra und seinen Gebirgszug zum Weltkulturerbe erklärt, und damit einen Paradiesgarten unter Schutz gestellt, den der englische Lord Byron schon 1812 besungen hat.

„Sieh Cintras glorreich Eden
dort sich heben,
Die starren Felsen, morsche
Klöster tragend,
Des Berges Moos, vom
Sonnenbrand gebräunt,
Der weiße Korkbaum,
Klüfte überragend,
Das tiefe Tal,
das sonnendurstig weint,
Die ruhige Flut,
die bläulich widerscheint,
Der Äste Grün,
durch goldne Frucht gehoben,
Der Sturz des Bergstroms,
der dem Tal sich eint,
Die Weidenbüsche drin,
der Weinstock oben –
Glühn hier zu einem Bild
der Pracht verwoben."

Die wahre Pracht kam jedoch erst später. Die Berge von Sintra sind heute eine einzigartige subtropische Parklandschaft, in der mehr als 3000 Pflanzenarten heimisch wurden. Die meisten sind weit gereist, oft um die halbe Welt gesegelt, Tropenimporte einer Epoche, die sich an exotischer Botanik berauschte und sie zu Kulissen eines höchst romantischen Theaters zu inszenieren verstand.

Im Tal der Farne rauscht die Cascata de Beckford, ein Wasserfall, der an den romantischen Schwarmgeist erinnert, der den ersten Akt dieses Naturschauspiels inszenierte. Der Engländer William Beckford war bereits ein Bestseller-Autor, als er seine Leidenschaft für Portugal entdeckte und die unscheinbare Einsiedelei Monserrate westlich von Sintra in einen fantastischen Naturpark verwandelte. Von 1794 bis 1799 entstand der **Parque de Monserrate** mit seinen Grotten und schattigen Wegen als immergrüner Spleen eines Exzentrikers. Sein schwerreicher Landsmann Sir Francis Cook kaufte rund 60 Jahre später das Haus des Dichters und verwandelte es in einen

Palast wie aus Kinderträumen: Der Palácio da Pena steht auf den Ruinen eines Klosters

orientalisch-indischen Palast. Unter seiner Regie wurde der Park zu einer 140 Hektar großen Weltausstellung wuchernder Vegetation.

Rot glühende Blütenfackeln, inszenierter Tropenwald. Lianen schlingen sich um Äste, Magnolien leuchten, Baumkronen bilden Baldachine, Kuppeln, Gewölbe. Allein 40 Spezies von Farnen zittern im Wind, Riesenfarne, Baumfarne, Farne, die sich als Palmen verkleiden, Evolutions-Oldtimer, Millionen Jahre alt, einst gemischter Salat für Saurier, nun weit gefächerte Naturschönheiten.

Die Wege durch den raffiniert komponierten Dschungel wurden durch Sir Francis Cook zu romantischen Erlebnispfaden, mit Wurzelpalisaden des Feigenbaums, Zeder, Erdbeerbaum und Jungfrauenpalme. Die *Araucaria heterophysia* aus Queensland ist heute mit 50 Metern Höhe der Wolkenkratzer unter den Bäumen des Parks. Der Palast im Garten ist für Besucher nicht zugänglich, soll es aber werden. Wann? Auf diese Frage gibt es nur eine vage Antwort, ein Lächeln, eine Vermutung. Vielleicht im Mai. Im Sommer. Nächstes Jahr. Frühestens in fünf Jahren. Wer weiß. *Vamos ver.*

Es waren nicht nur Engländer, die Sintra zur Top-Adresse romantischer Weltflucht werden ließen. Ein begeisterter Vertreter königlicher Baulust kam aus dem Hause Sachsen-Coburg-Gotha, dem zumindest genetisch einflussreichsten Adelshaus in Europa. Es gehört zu den Mysterien der Blutbahnen des europäischen Adels, dass ein einziger Mann, der 1806 verstorbene Franz I., Herzog von Coburg, im

Ein englischer Millionär ließ vor 150 Jahren Pflanzen aus aller Welt in den Parque de Monserrate bringen. Der gut durchdachte Dschungel sollte Kulisse eines romantischen Lebensstils sein

Foto: Karl-Heinz Raach

URWALD

VON LANGER HAND GEPLANT

Rahmen ehelicher Pflichten und ohne aktenkundige Seitensprünge zum Ahnvater von vier portugiesischen, vier belgischen und vier britischen Königen sowie einer britischen Königin wurde, ferner noch dreier bulgarischer Zaren. Was für ein Mann! Ein genetisches Universalgenie, Europas königlichster Samenspender.

Dieser Franco potente war auch Großvater des Ferdinand von Sachsen-Coburg-Gotha (1816-1885), der als zweiter Mann Marias II., Königin von Portugal, die Künste förderte. In Sintra ließ er vom Architekten Baron von Eschwege einen Palast bauen, wie ihn die Welt noch nicht gesehen hatte: den **Palácio da Pena.**

Eine Zugbrücke führt in eine fantastische Welt: Ritterburg, Wunschinsel, Feenpalast. Ein Kloster in der Mitte, eine Kapelle, ein Kreuzgang im Kleinformat, Alhambra *en miniature*. Die Zimmer vollgekramt mit Antiquitäten, wenn Portugals Könige wirklich so gelebt haben, werden sie häufig Personal entlassen haben, um ihm nicht dauernd auf die Füße zu treten.

Doch das Schloss ist, um ein für allemal der ewig stirnrunzelnden Kritik kulturhistorischer Bedenkenträger einen Riegel vorzuschieben, wunderschön! Eine herrliche Verrücktheit. Hinter jeder Kurve eine Überraschung, ein geniales Spiel mit Perspektiven, Baustilen und Epochen. Die Außenhaut des himmelhoch jauchzenden Traumschlosses wechselt von rosa zu gelb, verwittert wie altes Gold. Klaviermusik rieselt aus den Fugen.

Wie weiße Kirchtürme ragen die Schornsteine des Paço Real über Sintras Dächern auf

Der Blick schweift in die Ferne, wo die Weltmeere auf Entdecker warten.

Nach dem Tod der Königin 1853 übernahm Dom Fernando als Prinzregent die Regierung, bis sein Sohn Pedro V. volljährig war. Nach dessen Tod fiel der Palast an seine zweite Frau, Gräfin von Edla, ging aber wenig später in staatlichen Besitz über. Dunkle Wolken zogen auf. Das Königreich geriet in stürmische Fahrwasser, Sintra hing indes noch seinen Träumen nach – so wie es das im Garten der **Quinta da Regaleira** heute noch tut: Lüsternde Schatten, ein Sprudeln, Glucksen und Zwitschern, Schirmpinien in gotischer Höhe. Bemooste Waldgeister lugen hervor, der merkwürdigste der Gärten von Sintra ist erst seit 1998 für Besucher geöffnet. Serpentinen führen zu Wachtürmchen im Wald und heimlichen Verstecken, zu Grotten und Schlünden. Ein gemauerter Schacht mit tief hinabwendelnder Treppe dringt in eine geheimnisvoll tropfende Unterwelt; die späte Romantik der Träumer von Sintra erlebt hier ihren theatralischen Höhepunkt, ein Versteckspiel, das in den Initiationsriten der Freimaurer seinen verborgenen Sinn enthüllt.

António Augusto Carvalho Monteiro (1848-1920), der Hausherr, mochte Mozarts „Zauberflöte" vor Augen gehabt haben, als er diesen Park wie eine Oper inszenierte. Marmorweiße Göttinnen der griechischen Antike begrüßen den Gast, ein riesiger Baumstamm, auf dem Farne siedeln, erweist sich bei näherem Hinsehen als gemauert. Ein Spiel mit Illusionen, mit Legenden, Mythen, ein begehbarer Fantasy-Film. Blühend, wuchernd, Zweige hängen wie Schleier vor der gotischen Kapelle. Das Schlösschen im Park ist ein spätgotischer Traum mit manuelinischer Renaissance gewürzt, erbaut von Luigi Manini (der auch die Mailänder Scala schuf).

Das Werk war 1910 vollendet, genau in dem Jahr, als das Königreich Portugal unterging. Zwei Jahre zuvor waren König Carlos I. und der Thronfolger Luís auf offener Straße ermordet worden. Manuel II., eben volljährig und ein begabter Maler von zarten Aquarellen, versuchte das Land zu regieren, aber die Revolution war nicht aufzuhalten. Der junge König fühlte sich im Palácio da Pena nicht mehr sicher. 1910 floh er auf der königlichen Yacht „Amélie" nach England und heiratete im Exil die Schwester des deutschen Kaisers, Augusta Viktoria von Hohenzollern-Sigmaringen. Da war Portugal längst Republik.

Sintra sind die Paläste geblieben. Breit und prächtig liegt der **Palácio dos Seteais,** der „Palast der sieben Seufzer", zwischen Sintra und dem Garten von Monserrate. Einst für einen holländischen Konsul erbaut, gehört der rosafarbene Bau heute der Hotelkette Tivoli, so ist der Lauf der Zeit. Von Zimmer 14 geht der Blick über das Buchsbaumlabyrinth bis zum Meer. Die Seidenvorhänge sind nach Art des Empire gerafft, die Antiquitäten zu schade für Kollisionen mit Hartschalenkoffern. Ein Sekretär mit Kerzenleuchtern steht bereit, ein Schminktisch, gerade richtig für eine Comtesse vor dem Ball. Auf den Stilmöbeln stehen Fernseher, was zwar ein Stilbruch, doch bei den neuen Schlossherren Standard ist. Der Adel ist Vergangenheit, König Fußball regiert. □

Emanuel Eckardt *kennt Portugal von vielen Besuchen und lebt als freier Autor in Hamburg. Er schrieb für dieses Heft auch über das Goldene Zeitalter.*

Die Paläste und Parks liegen bis auf den Paço Real nicht direkt im Ort, sondern in der näheren Umgebung von Sintra. Von Lissabon und Sintra aus werden Bustouren zu allen Sehenswürdigkeiten angeboten

1 Verlassen: Der Schrein der Quinta da Regaleira war wahrscheinlich einst Treffpunkt für Freimaurer-Riten
2 Mystisch: Eine Treppe windet sich weit in die Tiefe, am Grund leuchtet der Stern der Templer als Mosaik

3 Versponnen: Der Besitzer der Quinta da Regaleira, António Carvalho Monteiro, inszenierte Schloss und Garten als Heimstatt seiner esoterischen Visionen – auch der spätgotische Palast ist mit Rätseln gespickt

EIN GARTEN ALS FANTASY-KULISSE

Text: Anja Haegele
Fotos: Lukas Spörl

Schwarz-weiße Wellen wogen am Rossio, Stein für Stein zusammengesetzt von den *calceteiros*, die kunstvolle Mosaike für Lissabons Boulevards und Plätze entwarfen. Heute wird restauriert statt kreiert: Die alte Kunst liegt am Boden – im doppelten Sinn

Teures Pflaster

Schwere See am Rossio. Die Wellen werfen Berge auf und Täler, und wer sie zu intensiv betrachtet, dem kann schwindelig werden, mitten in Lissabon, auf dem verkehrsreichsten Platz der Innenstadt. Das kunstvolle Kopfsteinpflaster, *mar largo*, „schwere See" genannt, ist ein Wellenmuster in dreidimensionaler Optik, das den, der es fixiert, seekrank machen kann.

Aus schwarzem Basalt und weißem Kalkstein wurde das 8712 Quadratmeter große Mosaik vor mehr als 150 Jahren gelegt. Der Rossio war der erste Platz, den die Stadtverwaltung auf diese Weise schmücken ließ – es war der Beginn einer Revolution, die Lissabon von unten veränderte. Einer Revolution der Straße. Fast alle wichtigen Plätze und Boulevards sind heute mit schwarz-weißen Mustern geschmückt – künstlerische Laufstege, zu schade, um nur darauf herumzutrampeln: Comicfiguren wie Bugs Bunny oder Calimero, das Küken mit der Eierschale auf dem Kopf, sieht man in der Avenida de Roma, die Arche Noah auf dem Campo dos Mártires da Pátria, Blumen und Schmetterlinge in der Rua Lopes Mendonça, Äpfelchen aus Stein inmitten eines graphischen Labyrinths bei der Praça dos Restauradores oder Meeresungeheuer an der Praça do Comércio.

„Schaut nach unten und meidet hohe Absätze", empfiehlt José Aparício, der Leiter der Lissabonner Steinsetzerschule. Denn die Kopfsteinmosaiken sind zwar reichlich holprig und bei Regen schlüpfrig glatt, aber so schön, dass sie locker mit den dekorierten Fassaden und dem Blick auf die sieben Hügel mithalten können.

Bis zu Beginn des vergangenen Jahrhunderts waren es die Steinsetzer selbst, die *calceteiros*, die entschieden, welche Motive ihre Mosaiken haben sollten. Die Stadtverwaltung machte den Künstlern, die in ihren Diensten standen, keine Vorschriften. Deshalb sind die alten Pflaster am Rossio, am Largo de São Paulo und am Cais do Sodré alle einzigartig, sie unterscheiden sich nicht nur im Design, sondern auch in Größe und Form der verwendeten Steine. In den fünfziger Jahren nahm die künstlerische Freiheit der *calceteiros* ein Ende. Seither bestimmen Architekten und Stadtplaner, wie die weißen und schwarzen Steine zu liegen haben.

Damals wie heute ist die Grundlage jeden Mosaiks eine Holzform, die auf den rund acht Zentimeter tief ausgehobenen Boden gelegt und zunächst mit einer Schicht Kies und Kalksand ausgestreut wird. Die offenen Teile der Form füllen die *calceteiros* mit weißen Steinen, die

Maßarbeit mit Altersschwäche: Steine verlieren den Halt

Halb Fisch, halb Ungeheuer: Mosaik an der Praça do Comércio

schwarzen werden später dorthin gesetzt, wo das Holz ihnen den Platz hielt. Zum Schluss wird Sand über das Pflaster gestreut, der die Zwischenräume ausfüllt, bis kein Stein mehr wackelt.

Das Motiv bestimmt die Form der Steine, die längst nicht immer quadratisch sind, sondern dreieckig, rund, halbrund, rhombisch oder auch sechseckig. Jeden einzelnen Stein legt der *calceteiro* in seine geöffnete linke Hand und schlägt mit dem Hammer in der Rechten so lange kleine Stücke davon ab, bis der Stein passt. An einem Tag legt ein guter *calceteiro* rund fünf bis sechs Quadratmeter Pflaster. Teures Pflaster. Ein Quadratmeter Steinmosaik kostet rund 40 Euro. Im Parque das Nações, der Expo-Zone, wurde deshalb bereits mit Beton-Mosaiken experimentiert, weil das Material deutlich billiger ist, und immer wieder flammt die öffentliche Diskussion darüber auf, ob es sich rentiert, die teuren Kopfsteinmosaiken überhaupt zu erhalten.

Zumal der Berufsstand der Steinsetzer vor 20 Jahren bereits ausgestorben schien: Die Arbeit, die den Rücken und die Knie ruiniert, war so schlecht bezahlt, dass es niemanden mehr gab, der sie machen wollte. 1986 gründete die Stadtverwaltung deshalb eine Werkstatt, in der Drogenabhängige und andere Sozialfälle kostenlos als Steinsetzer ausgebildet und später in den städtischen Dienst übernommen werden. „Über hundert junge Leute haben die Lehrzeit bisher abgeschlossen“, sagt Schulleiter Aparício, „und mehr als doppelt so viele haben sich beworben“. Die jungen Steinsetzer wissen nicht nur, wie man neues, kunstvolles Pflaster legt. Sie lernen vor allem auch, altes zu restaurieren: „Als die Mosaiktechnik vor 150 Jahren erfunden wurde, dachte man, sie hielte für die Ewigkeit. Das stimmt – aber leider nur, wenn Fußgänger darauf laufen. Der Autoverkehr macht die Steine locker und brüchig“, sagt Aparício. Er zeigt auf eines der steinernen Seeungeheuer, das wie angefressen und faulig auf dem Boden der Praça do Comércio liegt, aus mehreren radkappengroßen Löchern quillt grauer Schlamm. Ein toter Fisch, der schwere See überlebt hätte. Nicht aber den Verkehr einer Großstadt. □

MERIAN | TIPP

Wer sich an Mosaiken nicht satt sehen kann, dem sei die „Rundreise Portugiesisches Mosaik“ empfohlen. Die siebentägige Tour führt von Faro aus nicht nur zu den schönsten Steinsetzarbeiten

Lissabons, sondern darüber hinaus unter anderem zu römischen Mosaiken im Diana-Tempel von Évora und dem Christusritterkloster von Tomar. Der Wallfahrtsort Fátima und das Kloster Batalha stehen ebenso auf dem Programm wie ein Besuch der ältesten Universität Portugals in Coimbra.

Veranstalter:
Agência de viagens e turismo
Tel. 003 51-282 47 00 00
Fax 003 51-282 47 00 99 oder im internet: **www.portimar.pt**

MERIAN
Die Lust am Reisen

PREMIUM SHOP

Angebote für Leser

In unserem Premium Shop bieten wir allen Lesern exklusive Highlights: seltene MERIAN-Ausgaben aus unserem Archiv und einzigartige MERIAN-Sammlerstücke. Zusätzlich erhalten Sie ab einem Bestellwert von 25,00 Euro das „Best of MERIAN“ gratis dazu! Für Ihre Bestellungen verwenden Sie den Coupon auf Seite 83.

MERIAN **FAMILY**

WEGWEISEND

MERIAN pcscout

Planen Sie Ihre Reise am PC. Mit über 50.000 Empfehlungen von MERIAN finden Sie in Deutschland, Österreich, der Schweiz, Norditalien und im Elsass immer das richtige Reiseziel. Inklusive aktuelle Stadtpläne, Routenplaner, 750 Golfplätzen und ADAC-Verkehrsinfos. Preis: 25,95 Euro. **Kennwort: PCSCOUT**

UNENTBEHRLICH

MERIAN *kompass*

Der praktische Reise-Begleiter für unterwegs und am Ziel. Die drei neuesten Titel dieser praktischen Reihe können Sie hier bestellen. Sie kosten jeweils 6,50 Euro und haben zwischen 96 und 128 Seiten mit ca. 60 Farbfotos. Format: 9,5 x16 cm, Softcover mit Schutzeinband. **Kennwort: MERIAN-Kompass „Endlich Ferien“, „Olympische Spiele“, „Das neue Europa“**

JUBILÄUMSHEFT

Best of MERIAN

Ein Sammlerstück, das man nicht kaufen kann! Erleben Sie faszinierende Rückblicke in die Geschichte von MERIAN! Opulente Bildstrecken, aufregende Reisereportagen, kluge und witzige Essays, einfühlsame Stadtporträts und engagierte Sozialfotografie. Blicken Sie hinter die Kulissen: Lesen Sie, wie das MERIAN-Magazin entsteht, oder wie sich MERIAN anhand von 654 Titeln im Wandel der Zeit zu Deutschlands großem Reisemagazin entwickelte. Zusätzlich beigelegt ist jedem „Best of MERIAN“ eine detaillierte Deutschlandkarte im Posterformat von 52 x 73,5 cm. Ab einem Bestellwert von 25,00 Euro erhalten Sie das „Heft der Hefte“ kostenlos dazu. Für Ihre Bestellung verwenden Sie bitte die Postkarte auf Seite 83.

Interessante Einblicke für jeden MERIAN-Liebhaber: die Titelparade der letzten 50 Jahre. Dazu ein Blick hinter die Kulissen: wie MERIAN entsteht und wie sich MERIAN verändert hat.

MERIAN

Die Lust am Reisen

PREMIUM SHOP

Viele der Ausgaben von MERIAN sind in begrenzter Stückzahl noch verfügbar! Die jüngst erschienenen MERIAN-Titel (siehe Programm-Auflistung, rechts) kosten 7,50 Euro inkl. Porto und Versand (innerhalb Deutschlands). Bestellen Sie mit der gegenüberliegenden Postkarte oder im Internet unter www.merian.de. Außerdem erhalten Sie das lieferbare Programm von MERIAN in jeder gut sortierten Buchhandlung und so lange der Vorrat reicht.

SAMMELSCHUBER

MERIAN-Archiv!

Archivieren Sie Ihre MERIAN-Ausgaben in dem modernen MERIAN-Sammelschuber aus Acryl! Jeder Schuber bietet Platz für ca. 12 MERIAN-Magazine.

Preis: 16,00 Euro.

Kennwort: Schuber Acryl

* Das lieferbare Programm umfasst alle jüngst erschienenen Ausgaben von MERIAN. Raritäten auf Anfrage: Telefon 040/87 97 35 40

PROGRAMM

AUSWÄHLEN UND BESTELLEN

Lieferbare MERIAN-Titel*

Ägypten
Amsterdam
Australien
Autostadt in Wolfsburg
Baden-Württemberg
Bali
Baltikum
Berlin
Brasilien
Bretagne
Budapest
Burgund
Burma-Myanmar
Chicago
Chile – Patagonien
China: Shanghai und der Süden
Chinas Norden
Cote d'Azur
Das neue Ruhrgebiet
Dominikanische Republik
Dresden
Elsass
Emilia Romagna
Florenz
Florida
Frankfurt
Franz. Atlantikküste
Gardasee
Hamburg
Indiens Norden
Indiens Süden
Irland
Island
Istanbul
Japan
Jemen–Oman–VAE
Jerusalem
Kalifornien
Kanadas Osten
Kanalinseln
Kanarische Inseln
Köln
Krakau
Kreta
Kroatien
Kuba
Leipzig
Ligurien
Lissabon
Loire
London
Madrid
Mallorca
Marokko
Mauritius
Mecklenburg-Vorpommern
Mexiko
Moskau
MS Europa
München
Namibia
Neapel / Amalfi-Küste
Neuseeland
New York
Norwegen
Oberbayern
Paris
Piemont–Turin
Portugal
Prag
Provence
Rom
Sardinien
Schottland
Schweden
Schweiz
Shanghai
Sizilien
Spaniens Norden
Steiermark
Südafrika
Südengland
Südtirol
Sylt
Syrien–Libanon
Tessin
Thailand
Tirol
Toskana
Tunesien
Umbrien
USA: Die Südstaaten
USA: Neuengland
Venedig
Verona und Gardasee
Vietnam–Laos–Kambodscha
Weimar
Wien

Die Lust am Reisen

MERIAN

PREMIUM SHOP

WETTERFEST

WINDBREAKER

Der klassisch blaue Windbreaker trotzt Wind und Wetter, ist aber angenehm leicht und durch den großzügigen Schnitt sehr bequem zu tragen.
Universalgröße: Large
Preis: 39,90 Euro
Kennwort: Windbreaker

Bitte freimachen falls Marke zur Hand. Oder bestellen Sie per Fax:
040/27172079

ANTWORT

MERIAN
Premium Shop
Postfach 60 12 20

D-22212 Hamburg

Die Lust am Reisen

MERIAN

GUTSCHEIN

Die Lust am Reisen

MERIAN

ABONNEMENT

Wenn Sie MERIAN abonnieren möchten, sichern Sie sich Ihr Dankeschön: einen der drei MERIAN *live* Reiseführer. Mit Quickfinder in den Klappen, den Attraktionen jeder Reise auf einen Blick und gewohnt exzellenter MERIAN Kartografie.

Wunschtitel bitte ankreuzen:
- ☐ **Deutschland**
- ☐ **Italien**
- ☐ **Spanien**

Bitte freimachen falls Marke zur Hand. Oder senden Sie per Fax an:
040/27172079

ANTWORT

MERIAN
Leserservice
Postfach 60 12 20

D-22212 Hamburg

Ich möchte bestellen.
Bitte liefern Sie die Produkte an folgende Adresse:

Name / Vorname des Bestellers

Straße / Haus-Nr.

PLZ / Ort

Tel.-Nr. / E-Mail

Datum / Unterschrift ME 05/04

Rechnung abwarten – bitte keine Vorauszahlung leisten.
Die Lieferung erfolgt, innerhalb Deutschlands, porto- und versandkostenfrei. Auslandslieferungen auf Anfrage.

☐ **Mit der Zusendung von Informationsmaterial bin ich einverstanden.**

☐ **Ich habe den Bestellwert von 25,– Euro erreicht und erhalte „Best of MERIAN" als Dankeschön dazu.**

Bitte tragen Sie hier die Kennwörter, Anzahl und Preise ein:

Kennwort	Anzahl	Einzelpreis (Euro)	Gesamtpreis (Euro)
		Summe	

MERIAN Die Lust am Reisen

GUTSCHEIN

Lust auf Reisen?

MERIAN präsentiert zwölfmal jährlich ein lebensnahes und facettenreiches Porträt einer Stadt, einer Region oder eines Landes auf höchstem Niveau. Mit dem monatlich erscheinenden Magazin MERIAN erleben Sie einzigartige Bilder und packende Reportagen.

Das ist ein Geschenk für:

____

Die nächsten 12 Ausgaben
sind ein Geschenk von:

____

Die Lieferung beginnt, sobald die unten stehende Abo-Postkarte ausgefüllt an den MERIAN Leserservice, Postfach 60 12 20, 22212 Hamburg eingegangen ist.

☐ **Ich abonniere MERIAN für mich selbst.**
☐ **Ich möchte ein MERIAN-Abonnement verschenken.**

Name / Vorname des Beschenkten

Straße / Haus-Nr. / PLZ / Ort

Tel.-Nr. / E-Mail

Die Rechnung und das umseitig angekreuzte Dankeschön gehen an: (Adresse bitte unten eintragen). Der Jahres-Abo-Preis für 12 Ausgaben MERIAN beträgt 76,40 Euro frei Haus (innerhalb Deutschlands; Auslandspreise auf Anfrage).

Name / Vorname des Bestellers

Straße / Haus-Nr. / PLZ / Ort

Tel.-Nr. / E-Mail

Gewünschte Zahlungsweise bitte ankreuzen:
☐ **Gegen Rechnung** (Bitte keine Vorauszahlung leisten) ☐ **Bankeinzug** (Bequem und bargeldlos)

Bankleitzahl Kontonummer

Geldinstitut

Datum / 1. Unterschrift

Vertrauensgarantie: Die Bestellung wird erst wirksam, wenn sie nicht binnen zwei Wochen schriftlich beim MERIAN-Leserservice, Postfach 60 12 20, 22212 Hamburg, widerrufen wird. Zur Wahrung der Frist genügt die rechtzeitige Absendung des Widerrufs. Dieses Angebot gilt nur in der Bundesrepublik Deutschland und solange der Vorrat reicht. Das Dankeschön darf ich auch bei Widerruf behalten. Die Kenntnisnahme dieser Hinweise bestätige ich durch meine zweite Unterschrift:

Datum / 2. Unterschrift ME 05/04-21909, 21910

Ein MERIAN-Abonnement bietet Vorteile:

1. 15% Preisvorteil
Sie erhalten 12 Ausgaben zum Vorzugspreis von 76,40 Euro statt 90,00 Euro.

2. Service
Sie erhalten jede MERIAN-Ausgabe pünktlich frei Haus. Porto und Verpackung zahlen wir für Sie.

3. Vertrauensgarantie
Eine Bestellung wird erst wirksam, wenn sie nicht binnen 14 Tagen schriftlich beim MERIAN-Leserservice, Postfach 60 12 20, 22212 Hamburg, widerrufen wird. Zur Wahrung der Frist genügt die rechtzeitige Absendung des Widerrufs.

4. Geld-zurück-Garantie
Sie können Ihr Abonnement jederzeit kündigen und erhalten für gezahlte und noch nicht gelieferte Hefte natürlich Ihr Geld zurück.

Bestellen Sie einfach und bequem per

MERIAN-Leserservice
Postfach 60 12 20
22212 Hamburg

040 / 87 97 35 40

040 / 27 17 20 79

www.merian.de

www.merian.de
Tausende von Reisezielen, Eventkalender, Reportagen, Tipps & Empfehlungen und weitere exklusive Angebote im MERIAN Premium Shop

MERIAN
Die Lust am Reisen

DAS MONOGRAPHIE-PROGRAMM 2004

Ihre Bibliothek des Reisens

Wenn Sie MERIAN jetzt abonnieren, erhalten Sie mit den kommenden 12 Ausgaben die Welt von MERIAN frei Haus. Monat für Monat vervollständigt jedes Heft Ihre Bibliothek der Länder, Regionen und Städte.

MERIAN 01/2004

MERIAN 02/2004

MERIAN 03/2004

MERIAN 04/2004

MERIAN 05/2004

MERIAN 06/2004

MERIAN 07/2004

MERIAN 08/2004

MERIAN 09/2004

MERIAN 10/2004

MERIAN 11/2004

MERIAN 12/2004

MERIAN ist das Synonym für Reisen und Kultur auf höchstem Niveau. Wertvolle Tipps und detailgetreue Kartographie erleichtern Ihre Reiseplanung und geben Ihnen neue Ideen und Ziele.

Seit 55 Jahren: Kein Programm ist so vielseitig und von bleibendem Wert wie MERIAN.

Freitagabend. Noch wissen die Schwestern Liliana, Sara und Cátia nicht so recht, was sie mit dem Wochenende anfangen sollen. Von der Dachterrasse des Familienhauses schauen sie, wie so oft, auf ihren Stadtteil, das Immigrantenviertel Cova da Moura, und lauschen auf die Geräusche der Nacht

Afrikanische Einwanderer

Jetzt sind wir eben hier

Sie gehören zum Erbe der portugiesischen Kolonialgeschichte: Immigranten aus Angola, Mosambik oder von den Kapverden. Viele von ihnen suchen ihr Glück in Lissabon. Sie kämpfen um ein bisschen Ehrbarkeit – gegen schlechte Wohnverhältnisse, Arbeitslosigkeit und Drogen. Und Afrika ist immer in ihren Herzen.

TEXT: SWANTJE STRIEDER, FOTOS: CATHERINE ROCKE

Im Stadtteil Cova da Moura, im Westen Lissabons, leben rund 7000 schwarze Einwanderer

Wie ein siegreicher Feldherr schaut Dom Pedro von der Anhöhe, die eigentlich nur ein wildwüchsiger Slum ist. Mit der Hand weist der afrikanische Einwanderer hinab auf das weiße, wohlanständige Häusermeer von Lissabon, wo in der Ferne blassblau der Tejo blinkt. Da unten liegt Portugal, aber hier oben, hier ist Afrika, ganz und gar. 6000, 7000 oder mehr schwarze Immigranten haben sich in den letzten 30 Jahren an der westlichen Stadtgrenze Lissabons im Viertel Cova da Moura im Bezirk Buraca angesiedelt. Hier krähen noch Hähne, stampfen Frauen Mais im Mörser, waschen Mädchen mit hundert kleinen Zöpfen am Kopf die Wäsche am Trog. Ein friedliches Bild. Doch kein Polizist würde es wagen, den amtlichen Fuß auf den berüchtigten Drogendealer-Hügel zu setzen, der den romantischen Namen Cova da Moura, „Versteck der Maurin", trägt. Kaum ein Taxifahrer traut sich die steile Straße rauf, kein Spaziergänger verirrt sich abends hierher und lauscht der *batuque,* dem Trommelrhythmus und Singsang der Frauen, der einem so unter die Haut gehen kann. Dom Pedro, 47 Jahre alt, mag Cova da Moura, auch wenn sein Viertel im aufstrebenden EU-Land Portugal als Schandfleck einer verfehlten Einwanderungspolitik gilt. Pedro sieht es anders: „Früher kamen die Portugiesen als Kolonialherren zu uns, auf die Kapverden, nach Angola oder Mosambik, und jetzt," sagt er selbstbewusst, „jetzt sind wir Afrikaner eben hier!"

Als Kaffeehausbesitzer ist Pedro ein gemachter Mann in Cova da Moura. Wie fast alle hier stammt er von den Kapverden, einem 15-Insel-Staat vor Westafrika, den die einstige Weltmacht Portugal mit schwarzen Sklaven besiedelte und als Station auf dem Seeweg nach Brasilien nutzte. Heute lebt die stolze kleine Ex-Kolonie von ihren Stränden und von ihrer wunderbaren Afro-Musikszene, die auch bei Lissabons Schickeria „in" ist. Wenn Cesária Evora, die große alte Dame der Kapverden, singt, erschauert ganz Portugal. Wichtigstes Exportgut des Inselstaats aber sind Arbeitskräfte, Arbeitskräfte, Arbeitskräfte: fast eine halbe Million emigrierte nach Europa und in die USA. Allein in Lissabon gibt es 80 000 schwarze Handlanger, Bauarbeiter, Träger, die in den

Die alleinerziehende Mutter Carla Ramos (21) lebt mit ihrem Sohn David (5) und ihren fünf Geschwistern im Haus ihrer Eltern.

„Die Zeitungen schreiben, wir seien ein Verbrechernest."

neunziger Jahren kräftig zum modernen Facelifting der portugiesischen Hauptstadt beitrugen, vom Expo-98-Gelände bis zu den glitzernden Banken und Einkaufstempeln. Mit Bienenfleiß und Schwarzarbeit bauten die Einwanderer ihre eigenen Blechhütten zu festen, eng verschachtelten Wohnwaben aus, schufen Fakten aus Beton in Ermangelung von Pässen und Papieren. Als Kleinbauern pflanzten sie auf jedem Grünzipfel, auf Verkehrsinseln oder an der Böschung der Stadtautobahn Mais und Bohnen für die *cachupa,* ihren geliebten Eintopf, an. Über das engagierte Bürger- und Jugendzentrum „Moinho da Juventude", der Jungen Mühle, erkämpften die Bewohner sogar Kanalisation, Strom und Wasser von der Stadt – und ein kleines bisschen Ehrbarkeit. Das Bürgerzentrum kümmert sich um Jobs für Singlemütter, Kita-Plätze für vernachlässigte Kinder und holt gefährdete Jugendliche mit Afrodance oder Computer-

Obwohl er seine T-Shirts selbst bügelt, ist Sohn Vítor (23) das Sorgenkind der Familie Ramos. „Er hängt mit den falschen Leuten herum“, findet seine Mutter.

In Cova da Moura spielt sich auch nachts viel auf der Straße ab. Bevor es ins Lokal oder die Disco geht, trifft man sich an der nächsten Ecke

kursen von der Straße. „Wir tun ja was, wir wollen uns nicht länger als Kriminellenviertel abstempeln lassen,“ sagt Pedro. Doch in der Wirtschaftsflaute sind viele Kumpel vom Bau arbeitslos und hocken den lieben, langen Tag in seinem Café, spielen Brettspiele mit Kakaobohnen oder flanieren, im heimatlichen Kreolisch plaudernd, die Hauptstraße entlang, wo sich Autowracks, Waschmaschinen und kaputte Kochtöpfe stapeln. Müllabfuhr? War lange nicht mehr hier.

Die Frühjahrssonne sendet allenfalls milde Strahlen, doch Dom Pedro trägt den Trenchcoat offen. Das Hemd kneift ihn über seinem soliden Bauch, den er auf dem Hochzeitsbild mit seiner Frau Jacinta nicht einmal im Ansatz hatte. Damals, 1976, war er, der schmächtige Musiker, ohne einen Escudo auf der Naht, nach Lissabon, in die Stadt der Sehnsüchte, gekommen. Dem hübschen, schlanken Nachbarsmädchen Jacinta, das als Haushaltshilfe nach Portugal ging, heimlich hinterhergereist. Das Einleben fiel ihm schwer. Portugiesen seien ja im Grunde nicht böse oder rassistisch, aber bei der Jobsuche werde man schon diskriminiert, auf recht subtile Art. Anfangs hat er auf dem Bau malocht, seine blutjunge Braut schleppte das Wasser in Blechtonnen auf dem Kopf und Baby Ana Bela auf dem Rücken. Ihre erste Behausung: eine Bruchbude. „Wir heirateten in der Kirche“, sagt Pedro, „denn wir sind gut katholisch, wie es sich gehört“ – dem 19-Jährigen schlotterte der geliehene schwarze Anzug, Jacintas blütenweißes Spitzenkleid spannte, weil sie wieder schwanger war.

Mit ausladender Geste zeigt Dom Pedro auf das frisch geweißte und gekachelte dreistöckige Betonhaus, wo auf den Balkonen exotische Wäsche aller Farben im Wind flattert. Alles Eigenbau! Ganz oben, sagt Pedro, leben er und Jacinta mit ihren sechs teils erwachsenen Kindern, mit David, dem fünfjährigen Enkel, und Oma Lela. Die alte Frau mag das trutzige Haus, das der Rest der Familie so bewundert, nicht, sondern setzt sich, ob Wind oder Regen, auf den kleinen Markt an der Ecke und verkauft Yamswurzeln, Erdnüsse und Tomaten, genau wie daheim in Afrika. Im Erdgeschoss liegt Pedros Café, wo es gutes Bier und am Wochenende Livemusik gibt: Funaná, Morena und andere kapverdische Rhythmen, aber auch Reggae-Samba-Santana. Wenn der Chef gute Laune hat, setzt er sich selbst ans Keyboard. „Vier Schallplatten habe ich gemacht,“ strahlt er und zeigt auf die eingerahmte Schellackscheibe an der Wand. Es ist zwölf Uhr mittags, zu den Fernsehnachrichten zischt der erste Espresso aus der Kaffeemaschine, Pedros Kunden kommen leicht verschlafen oder verkatert. Junge Schwarze, die spät aufstehen, weil eh kein Boss auf pünktliches Erscheinen wartet. Die Frauen? Sind nicht da. Oft sind sie es, die das Geld verdienen. Sie haben sich, wie Dona Jacinta, früh um sechs Uhr zur Bahnstation Santa Cruz aufgemacht, um als Putzfrauen, Babysitter oder Fischverkäufe-

„Oft sind es die Frauen, die das Geld verdienen."

Großmutter Lela weiß nicht genau, wie alt sie ist, aber sie weiß ganz genau, wo ihr Lieblingsplatz ist: auf dem Markt, wo sie Gemüse und Nüsse verkauft

Supermärkte gibt es hier nicht. Ob Fisch (links in den Styroporkisten) oder Gemüse – verkauft, gefeilscht, gekauft wird auf der Straße

Die Schwestern Catia und Liliana in ihrem Kinderzimmer. Beide gehen zur Schule, träumen davon, einmal Sängerin oder Model zu werden. Durchs Fenster schaut ihr Neffe David herein

rinnen in Lissabons Zentrum oder in den feinen Vororten wie Cascais für den Unterhalt der Familie zu sorgen.

„Die Politiker machen Cova da Moura immer schlecht, manche der Herren möchten unser Viertel einfach niederwalzen und Hochhäuser hinbauen, um noch mehr Geld an uns zu verdienen" schimpft Pedro und schnippst zur Untermalung mit Daumen und Mittelfinger, „die Zeitungen schreiben, wir seien ein Verbrechernest, ein Drogenhügel." Kein Wort davon sei wahr! In diesem Moment öffnet sich die Dachluke des Hauses, süßlicher Qualm entweicht: Vítor, Dom Pedros Sohn, raucht als Frühstück seinen ersten Joint.

Vítor, 23, adrett gestutzte Haare, elfenbeinfarbener Trainingsanzug, die neuesten und teuersten Nike-Turnschuhe, gilt als der beste Rapper in Cova da Moura. Es reicht zwar nicht für einen Auftritt im B.leza oder einer anderen Lissabonner Afro-Szene-Disco, aber immerhin. Vítor ist ein freundlicher Typ, nicht von der misstrauischen Art und dem „Halts-Maul"-Jargon wie einige seiner Kumpels von der Straße. Er lädt uns spontan in sein Zimmer ein, wo christliche Traktate neben Tupac-Shakur-Postern hängen. Dann legt er eine CD von Dancemania auf und rappt dazu auf Portugiesisch und Englisch von Elend und Ausbeutung der Welt. „Hab ich in den USA gelernt," sagt er, in Bridgeport, Connecticut, wo er ein halbes Jahr bei einem Bäcker schuftete. Für 90 Dollar die Woche; nein, nie wieder Amerika, lieber London oder Dublin, denn hier in Lissabon finde er eh keinen Job. Gastfreundlich, wie er ist, bietet er uns von seinem Frühstücksjoint an, ist auch nicht böse, als wir ablehnen. Gerade erzählt er uns von Jesus, der auch solche Kiffer wie ihn in sein Herz geschlossen habe, da klingt von der Treppe Kinderlachen und eine schrille Frauenstimme. Vítor wird ganz hektisch, stopft dicke Wolldecken vor die Tür und versprüht hygienisch riechenden Glasreiniger im Raum. Warum denn das? „Damit Carla, meine Schwester, das mit dem Joint nicht mitkriegt," sagt er, „ich muss doch für David, meinen Neffen, ein Vorbild sein." Vor Carla, der resoluten Single-

„Alle meine Töchter sind fleißig und gut geraten."

Mutter von 21 Jahren, hat er ziemlichen Respekt: „Die knallt mir glatt eine, wenn sie's riecht." Hat Vítor denn eine *dama,* eine Freundin, im Viertel ? Da guckt der junge Rapper entsetzt. Er wolle eine richtige Frau, eine Jungfrau, die an Jesus glaube wie er. Am besten eine reiche, mit 'nem tollen Beruf, Rechtsanwältin, Modefotografin oder so. Nicht solche *roda-bolas,* solche nichtsnutzigen Tussis wie in Cova da Moura.

Solche Töne mag seine Mutter gar nicht. „Alle meine fünf Töchter sind fleißig und gut geraten", sagt die 44-jährige Dona Jacinta, die an ihrem freien Samstagnachmittag im Café sitzt und Kassensturz mit Hilfe dreier Bonbonschachteln voller Kleingeld macht. Vielleicht werden ihre Mädchen ja Afro-Friseurinnen, ein beliebter Job hier, oder Angestellte in einem der vielen winzigen Reisebüros, wo man Billigtrips nach Afrika buchen kann. Ihre Älteste, Ana Bela, ist sogar in

Das Viertel Cova da Moura liegt an der westlichen Stadtgrenze im Bezirk Buraca. Es ist sicherlich kein Touristenviertel, aber auch kein „Kriegsgebiet". Besucher sollten vorsichtig sein und hier nicht allein und nicht in den Abendstunden umherstreifen

New York, versucht es mit dem Modeln. „Nur unser Vítor," seufzt sie und lässt zerstreut ein Zwanzig-Cent-Stück in die Dose für die Eurostücke fallen, „hat die Schule abgebrochen und hängt mit den falschen Leuten herum." Ungeduldig klappert sie mit der Kupfercents. „Mein Vater starb früh, ich durfte nur ein Jahr zur Schule gehen, musste daheim Mais stampfen, fegen, kochen" sagt sie, „wenn ich die Chancen meiner Kinder gehabt hätte!" Sara, ihre Jüngste, sitzt im Café über ein Schulheft gebeugt. Vielleicht schaffe die Kleine ja sogar den Sprung in die Realschule. Die Teenager Cátia und Liliana bringen David, Jacintas Enkel, vorbei. Die beiden sind unzertrennlich, sehen wie Zwillinge aus, nur dass Liliana schwarz wie eine Rabenfeder ist, während Cátia, Carla oder Sara einen Teint wie Milchkaffee haben. „Liliana ist meine Tochter, aber von einer anderen Frau," tönt Dom Pedro in voller Lautstärke, was keinen der Männer am Tresen interessiert. Afrika ist schließlich eine Männerwelt, wo die Herren der Schöpfung nach Belieben verfahren, genau wie in Cova da Moura! „Es gab eine Zeit, wo Pedro und ich uns oft gestritten haben," erzählt Dona Jacinta später bei einem Kaffee. Nicht, dass er sie geschlagen hätte, wie es viele Männer im Viertel tun! „Aber ich merkte bald, er hat was mit einer anderen, und ließ ihn gehen." „Schließlich bin ich ja zurückgekommen," nuschelt Pedro hinter seinem Bier, aber keiner hört ihm zu. Liliana traf eines Tages die Entscheidung, zu ihrem Vater zu ziehen, weil sie es bei ihrer Mutter und dem gewalttätigen Stiefvater nicht mehr aushielt. „Ich liebe Liliana genauso wie meine eigenen Töchter," sagt Dona Jacinta.

Dom Pedro, 47, kam 1976 zusammen mit seiner Frau Jacinta (rechts), 44, von den Kapverden nach Lissabon. Der Kaffeehausbesitzer und Musiker gilt in seinem Viertel als gemachter Mann

Jacinta würde nie schlecht über Nachbarn reden, aber es sei ein offenes Geheimnis, dass Cova da Moura, wie alle Slums dieser Welt, eine Brutstätte für häusliche Gewalt sei. Sozialarbeiter wissen von Kindern, die erst in kaltes Wasser getaucht und danach von den Eltern windelweich geschlagen werden, weil man dann die blauen Flecken nicht sieht. Die Behausungen sind düster und eng, aus jeder Ecke plärrt ein Fernseher. Mädchen bekommen mit 14 ihr erstes Baby, sitzengelassen von Vätern, die selbst noch Kindsköpfe sind. Nein, Dona Jacinta möchte eine bessere Welt für die Ihren. Wozu sind Pedro und sie nach Portugal gegangen, wenn die zweite Generation zwischen die Welten fällt ?

Cátia, Liliana und Sara werden nicht fallen, davon ist sie als Mutter überzeugt. Und wenn, dann stets auf die Füße. „Erdet euch," sagt Maria Eunice, die Tanzlehrerin im Jugendzentrum Junge Mühle, „fühlt den Kontakt mit dem Boden!" Draußen regnet es in Strömen, aber die kapverdischen und angolanischen Rhythmen heizen ein wie die Sonne Afrikas. Zwanzig, vierzig, sechzig nackte Füße stampfen im Takt, Hüften schwingen ekstatisch wie beim Karneval in Rio, Arme fliegen rauf und runter wie Kolibriflügel. Als Kolonialmacht ließ Portugal einst das Tanzen und Trommeln der schwarzen Sklaven verbieten. Die Seele verbieten, das konnten die weißen Herren nicht. Weder damals noch heute. Bong, bong, bong, dröhnt der Beat im Raum, hier in Cova da Moura schlägt das Herz von Afrika! □

Swantje Strieder, *freie Autorin in Hamburg, schrieb viele* SPIEGEL-*Reportagen aus Afrika.*
Catherine Rocke, *Fotografin in Berlin, interessieren Menschen, die ihr Zuhause verloren haben.*
(Mitarbeit: Katia Catulo, Journalistin aus Lissabon)

HEUER & SACHSE

URLAUB IN DEN SCHÖNSTEN ECKEN DEUTSCHLANDS.

magazin | live! | classic | guide | kompass | scout

Stürmisches Wattenmeer und stilles Gipfelglück, Open-Air Festivals und Freiluftmuseen, lebendige Metropolen und alte Handelsstraßen – Deutschlands schönste Seiten für den Urlaub! MERIAN bietet Reportagen von exzellenten Fotografen und den besten Autoren der Welt – mit aktuellen Informationen, nützlichen Tipps und umfangreichem Kartenmaterial. Für anspruchsvolle Reisende, die das Erlebnis für alle Sinne suchen. **IM GUTEN BUCH- UND ZEITSCHRIFTENHANDEL ODER UNTER TELEFON 040/87 97 35 40 UND WWW.MERIAN.DE**

MERIAN

Die Lust am Reisen

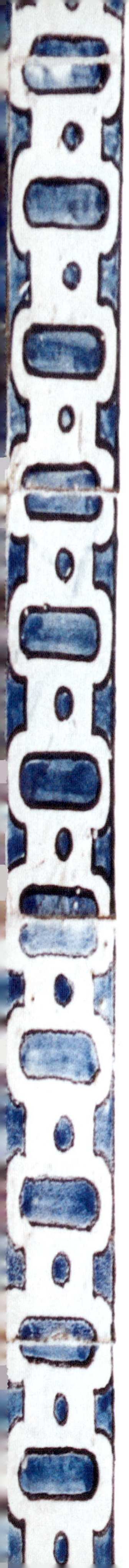

Kritik auf Kacheln: Im 16. Jahrhundert machte man sich mit gemalten Affenpossen *(macacarias)* über die Herrschenden lustig

Miniaturen im Quadrat

Fliesen, bei uns – quadratisch, praktisch, gut – in Bad und Küche verbannt, sind in Portugal Alltagskunst. Die Azulejos geben der Stadt ein Gesicht. **Text: Verena Lugert Fotos: Lukas Spörl**

Polierter Stein. Glasierte Miniaturen im Quadrat, tausendfach vervielfältigt. Azulejos, die portugiesischen Fliesen, schmücken Hauswände, Bahnhöfe, Kathedralen und viele Paläste. *Asulähschusch* – das „s“ und „sch“ stimmhaft – werden sie ausgesprochen, zärtlich, genießend. Als liebkoste man mit der Hand die kühl-glänzende Fläche der Fliese. Azulejo – der Name kommt nicht von dem portugiesischen Wort *azul* für blau, sondern aus dem Arabischen: *al zulaique,* polierter Stein. Die Mauren hatten die kühlende Kunst, die schimmernd und haltbar war, aus ihrer sonnendurchglühten Heimat nach Spanien gebracht. Die vielfarbigen Fliesen entwickelten sich rasch zu einem Exportschlager. Sevilla stellte her, der portugiesische Adelsstand bestellte, nachdem König Manuel I. (1469-1521) in Sevilla einen Großeinkauf von 10146 Kacheln für seinen Palast in Sintra getätigt hatte. Die Produktion begann nun auch in Portugal. Damals wurden die Fliesen noch im maurisch-iberischen Stil mit abstrakten Mustern glasiert – Ornamente und Arabesken waren die Motive. Diese Azulejos waren kleine Hoch- oder Tiefreliefs, winzige Stege und Gräben hielten die Farben voneinander getrennt. Aus Italien kam die Majolika-Technik – durch eine Unterglasur konnten die Fliesen verschiedenfarbig bemalt werden, ohne dass die Farben ineinander verliefen. Jetzt wurde gemalt, was das Zeug hielt: Blüten und Putten, Füllhörner, Wappen und Heilige fanden ihren Weg auf die Azulejos. Aus der Ferne, aus Indien, Brasilien und Afrika, brachten die Entdecker neue Motive mit: schwellende Blüten, Paradiesvögel, Papageien und Tiger, die wie Plüsch-Teddys aussehen.

Es entstehen riesige Paneele, Flächen mit tausenden von Fliesen werden wie eine riesige Leinwand bemalt, Schlachtenszenen, die Siege gegen die Spanier, die Mauren – alles wird auf dem schimmernden Plan des Fliesenquadrats für die Nachwelt festgehalten. Die *macacarias* entstehen, die gesellschaftskritischen Affenpossen: Affen rauchen Pfeife und blasen zum Kampf, in der Katzensingschule dirigiert ein Schimpanse einen

Einfach schön: typische Lissabonner Hausfassade mit Azulejo-Dekors in der Rua da Barocca im Bairro Alto

Azulejos, zum Verlieben schön ist nicht nur ihr Anblick: Ausgesprochen „Asulähschusch" hört es sich an wie eine Liebeserklärung

Chor aus feisten Katern. Zu sehen in dem blau-schimmernden, moos-überwachsenen Zaubergarten des Palácio dos Marqueses de Fronteira.

Ende des 17. Jahrhunderts kommen die Fliesen aus Flandern in Mode, Delfter Kacheln, weißgrundig, auf die mit feinem blauen Strich Windmühlen und Segelschiffe gemalt sind. Die Portugiesen gleichen sich an, die Polychromie verschwindet. Der Stil bleibt naiv, doch blau-weiß wie der Fluss und das Licht erstrahlen nun Lissabons Paläste und Kirchen. Blau-weiß ist auch das Grande Panorama de Lisboa von 1700: Auf 22 Meter Länge ist jedes Detail der Lissabonner Stadtansicht – gesehen vom Tejo – festgehalten. Als das katastrophale Erdbeben von 1755 die Stadt in Schutt und Asche legte, diente das Paneel beim Wiederaufbau Lissabons als Vorlage.

Die Metropole entstand neu, und der Bedarf an Fliesen stieg so sprunghaft, dass der damalige Premierminister Marquês de Pombal (1699-1782) eine Manufaktur gründete – die Real Fábrica am Largo do Rato.

Mit dem Siebdruckverfahren wurde ab 1860 der Fliesenerwerb demokratisiert: Da die Fliesen nicht mehr von Hand bemalt werden mussten, wurden sie billiger. Überall schimmerten jetzt Azulejos. Auf den Fassaden von Wohnhäusern, in Bäckereien, beim Metzger und in Restaurants, wie in der Cervejaria Trindade, deren Fliesen Allegorien der vier Jahreszeiten zieren. Auch Bahnhöfe wurden mit Fliesen geschmückt und später, ab 1959, wird moderne Fliesenkunst in Lissabons Metro-Stationen angebracht.

Namhafte Künstler gestalteten eine Station nach der anderen, so dass sich heute das Metro-Netz wie eine riesige Bildergalerie unter der Stadt ausbreitet. □

Verena Lugert, *Jahrgang 1973, lebt als freie Autorin in Berlin und lässt demnächst ihr Badezimmer neu fliesen.*

MERIAN | TIPP AZULEJOS

Einen Überblick über die 500-jährige Geschichte portugiesischer Azulejos bekommt man im **Museu Nacional do Azulejo,** Rua Madre de Deus 4, Mi-So 10-18 Uhr, Di 14-18 Uhr, Eintritt 2,25 Euro. Schlachtenpaneele und Azulejos in einem verwunschenen Garten sind zu sehen im **Palácio dos Marqueses de Fronteira,** Largo São Domingo de Benfica 1. Der Palast kann nur im Rahmen einer Führung besichtigt werden. (Juni-Sept. 10.30, 11, 11.30 Uhr, 12 Uhr; Okt.-Mai nur 11 und 12 Uhr. An Sonn- und Feiertagen geschlossen, Eintritt Mo-Fr 5 Euro Sa 7,50 Euro)

Kacheln kaufen kann man bei
Viuva Lamego
Largo do Intendente 25
Solar Albuquerque e Sousa
Rua Dom Pedro V 68

Besonders sehenswerte Metro-Stationen:
Die **Station Cidade Universitária** wurde von Lissabons wichtigster Künstlerin Maria Helena Vieira da Silva (1908-1992) gestaltet. Júlio Pomar (geb. 1926) warf in der Station **Alto dos Moinhos** Skizzen portugiesischer Dichter an die Fliesenwand. Friedensreich Hundertwasser (1928-2000) malte bunt-organische Formen in der Station **Oriente.**

>> weitere Tipps im Infoteil ab Seite 110

Der Lissabonner liebt seine Stadt...

AU ANS ME

Praia do Guincho: exklusiv am Pool (oben) oder Strandspaß für alle (rechts)

Text: Verena Lugert | Fotos: Marei Wenzel

SFLUG
ER

Cabo da Roca: der westlichste Punkt Europas:
„Wo das Land aufhört und das Meer beginnt…“

...weil Strände und Meer so nah sind

STRAND, SO WEIT DAS AUGE REICHT

Die Praia do Guincho ist einer der Hausstrände der Lissabonner und besonders bei Surfern beliebt

GEHT MAN DURCH LISSABONS GÄSSCHEN, wenn es heiß ist, und heiß ist es oft in dieser Stadt, kann es einem leicht vorkommen, die Luft sei Sirup und klebe die Kleidung am Leibe fest. Auch das wellige Auf und Ab von Lissabons kopfsteinernen Hügeln lässt die Füße bald wie Mollusken aus den Riemchensandalen schwellen.

Am besten, man mietet ein Auto, packt seine Badesachen und fährt los. Nur 20, 30 Kilometer vom Zentrum der Stadt entfernt liegen die schönsten Strände. *A linha* nennen die Lissabonner diesen Küstenabschnitt. Manche sprechen von der „Portugiesischen Riviera": feine Sandstrände, raue Klippen und Cabo da Roca, das Ende der Welt.

Man startet an der Praça do Comércio, dem Prachtplatz mit dem Torbogen zum Wasser, Lissabons Huldigung an den Fluss. Den Tejo linker Hand geht es nach Westen, zur Mündung, zum Meer.

Die Docks ziehen vorbei und die Torre de Belém, der kleine, schneeweiße Wehrturm. Lissabons zuckerbäckernes Willkommen an die Entdecker, die hier vor Anker gingen, mit Mosambik, Goa oder Macao im Gepäck. Die Luft wird salzig, es fliegen mehr Möwen, die ersten Stadtstrände flirren vorbei. Aber noch ist es der Fluss, an dem man entlang fährt.

Bis es voll Wucht vor einem steht und fast blendet: das Meer, o Atlântico, wie die Lissaboner nahezu stöhnen. Das Meer macht sie traurig, sie spüren Sehnsucht, *saudade.* Nach was, ist nicht klar. Doch da ist ein Sog, ein Strudel, ein Wünschen, ausgelöst von dieser Wasserunendlichkeit.

ESTORIL

Estoril ist eine Grande Dame, mit lilaweiß schimmerndem Haar. Die um den faltig gewordenen Hals die Juwelen gelegt hat, die ihr noch blieben. Ach! Könige waren hier! Die Jeunesse dorée, der Adel, das Geld. Man logierte in Luxushotels, lag träge am Meer, nahm um fünf den Aperitif, verjuckte nach dem Dinner die Dukaten im Casino, um sich nach einem Bankrott zu erschießen. Das hatte noch Stil!

Grandiose Villen liegen in subtropischen Gärten, ein weißer Sandstrand empfängt das rollende Meer. Im Hintergrund Schlösschen in neomanuelinischem Dekor. Auch heute liegt man eher auf Liegen als auf dem Handtuch im Sand.

Damals war Estoril ein hot spot für die bessere Gesellschaft, auch wenn es ihr gar zu gut auch nicht mehr ging. Massenhaft Majestäten und Staatsoberhäupter fanden hier ihr Exil, nachdem sie in ihren Heimatländern hatten abdanken müssen.

Das Seebad Estoril war dann im Zweiten Weltkrieg dekadente Kulisse von Agentenaffären. Portugal war neutral, in Estoril umschlichen sich die Spione und Gegenspione der Alliierten und der Achsenmächte um Deutschland, hörten sich ab, tauschten aus, machten Deals, entführten und denunzierten.

Im Hotel „Palácio" residierten die Alliierten-Agenten, während vom Hotel „Atlântico" in Monte Estoril zeitweise eine Hakenkreuzfahne herabhing. Hier unterhielt Deutschland Kontakte zu Portugals Industrie – die Versorgung mit dem kriegswichtigen Schwermetall Wolfram musste gesichert werden. Und Don Juan, Vater von Juan Carlos, dem heutigen König von Spanien, organisierte von Estoril aus den monarchistischen Widerstand gegen den faschistischen Diktator Franco in Spanien.

Estorils Pracht ist ein bisschen verblichen, das Mondäne ein wenig verstaubt. Trotzdem residiert hier Lissabons Oberschicht auf den teuersten Quadratmetern Portugals, spielt Golf oder um Geld im Casino und verspeist in noblen Restaurants fangfrischen Wolfsbarsch, serviert von Kellnern in Handschuh und Frack.

CASCAIS

Auf der Strandpromenade spaziert man bis nach Cascais – auch ein Seebad, aber anders als Estoril: Da flicken Fischer die salzverkrusteten Netze und lassen die Krebsreusen trocknen. In schmalen Gässchen mit gefliesten Häusern, mit Andenkenläden, in denen Muschel-Mobiles klimpern, geht es zur Praia da Rainha.

Der „Strand der Königin" erstreckt sich in einer Bucht, die von schroffen Felsen gesäumt ist. Im Rücken hat man eine Mauer, die auf einem Treppchen erklommen werden kann. Auf der Plattform kann man bei bester Aussicht, einer *bica* und einem *bagaço* – einem Espresso und portugiesischem Tresterschnaps – dem verlangsamten Treiben um sich herum zuse-

RAUE KLIPPEN, WEISSE DÖRFER

hen. Die Palmen rascheln im sanften atlantischen Westwind, der hier 320 Tage im Jahr weht.

In der Ferne verschmilzt im Dunst das Meer mit dem Horizont, von der Seite schiebt sich ein Frachter ins Bild. Möwen fallen im Sturzflug vom Himmel. Auf der Balustrade sitzt ein junges Pärchen, sie schwarz, er weiß, tief versunken in die Betrachtung der See.

Fährt man weiter, sieht man in den zerklüfteten Felsen Familienidyllen, die aussehen, als hätte sie ein portugiesischer Spitzweg gemalt: In der steinernen Mondlandschaft, an der sich das Wasser bricht, sind bunte Sonnenschirme aufgebaut, die über Klappstühle und Plastiktische ihren Schatten werfen. Die Kinder treiben auf Luftmatratzen und paddeln mit ihren Flossen im Meer, die Mutter schützt ihre Haut vor der Sonne mit Decken und hat ein Auge auf das Geschehen. Und der Vater erhält und ernährt: Er angelt nach Fischen.

GUINCHO

Um zum Guincho, an den fabelhaften Surferstrand, zu fahren, bedarf es fast schon ein wenig Geschick: Der von den Surfern

Azenhas do Mar, ein bezaubernder Ort an der schroffen Atlantikküste ist in einer knappen Stunde von Lissabon aus zu erreichen

Familienidyll: Bei Cabo Raso, zwischen Cascais und Guincho gelegen, vergnügen sich die Kinder im Meer, während der Vater beim Angeln sein Glück versucht

FERIEN AUF FELSEN

geliebte Wind macht die Fahrbahn zur Piste, er weht den feinweißen Sand vom Meer bis über den Asphalt. Überall parken Wohnmobile und alte VW-Busse, werden die bunten Bretter geklebt, die von den betonharten Wellen des Atlantiks zerborsten sind.

Der Strand ist riesig, die Wellen die besten, die man in Europa bekommen kann. Bildschöne Menschen lassen ihre gemeißelten Körper zu Wasser, der Wind wird mit Argwohn beobachtet, Surfen ist Wissenschaft. Im Wasser tummeln sich Surfer wie junge Hunde im Glanz der untergehenden Sonne. Und nachts feiern sie ihr Körperfest weiter, tanzen in der Strandbar dem nächsten Tag entgegen. Und beten um Sonne und Wind.

Der Weg weiter nach Norden führt an Portugals wohl schönstem Küstenabschnitt vorbei. In engen Kurven braust das Auto direkt an den schroffen Klippen entlang, wo Lusitanien dem Atlantik trotzig die Stirn bietet: Mit Wucht schlagen die Wellen schäumend gegen die Felsen, dass man sich fragt, wie lang er noch standhält, Europas westlicher Wall.

Nur 20 bis 30 Kilometer vom Zentrum Lissabons entfernt liegen die schönsten Strände der portugiesischen Küste

CABO DA ROCA

„Onde a terra acaba e o mar começa ...“ – Wo das Land aufhört und das Meer beginnt: Am Cabo da Roca, Europas westlichstem Punkt, wo sich der brüllende Atlantik gegen das Kap wirft. Auf der Gedenktafel stehen diese Zeilen aus den Lusiaden, dem Nationalepos Portugals. Sie stammen von Luís Vaz de Camões. Er kannte das Meer, der Dichter und Draufgänger, der Sänger und Seefahrer. Auf einer Reise nach Goa erlitt er Schiffbruch, und er schwamm der Sage nach ans Ufer Kambodschas – mit dem Manuskript der Lusiaden. Er brachte es sicher nach Portugal und starb dort vor mehr als 400 Jahren an der Pest.

Wo das Land aufhört und das Meer beginnt, hängen die Wolken tief, und gelbe Blüten stehen in sattgrünem Gras. Es duftet nach wilden Kräutern, und das Auge saugt sich an der Küste fest. Der Blick in den brodelnden Schlund erzeugt Schwindel.

An diesem Punkt endete früher die Welt. Das nächste Festland ist Amerika. □

Marei Wenzel, *Jg. 1975, Fotografin, war begeistert von der Vielfalt der Küstenformationen am Atlantik.*

Wo blühen heut' noch Nelken?

Am 25. April 2004 jährte sich zum dreißigsten Mal der Jahrestag der Nelkenrevolution. Wie war das damals eigentlich? Und was ist geblieben von den Hoffnungen der Portugiesen, den Träumen einer ganzen Generation?

Text: Walter Haubrich

In der Pousada von Elvas wird heute, wie schon vor 30 Jahren, ein besonders guter *bacalhau dourado,* ein „vergoldeter Kabeljau", serviert. Der Geschäftsführer dieses staatlichen portugiesischen Hotels näherte sich am Abend des 25. April 1974 einem Tisch, an dem einige Journalisten gerade dabei waren, den köstlichen, mit Ei und Kartoffeln zubereiteten Fisch zu genießen. „Meine Herren", sagte er halb feierlich und halb ängstlich, „vor zwei Minuten ist die Grenze zwischen Portugal und Spanien geschlossen worden. Sie können nicht mehr nach Spanien zurück. Ich habe aber hier im Hotel ausreichend Zimmer für Sie." Die Journalisten wollten aber nicht zurück; sie waren gerade noch als letzte über die drei Kilometer östlich von Elvas verlaufende Grenze gekommen und auf dem Weg nach Lissabon, wo sich ein Teil der Streitkräfte, angeführt von jüngeren Offizieren, gegen die seit über 40 Jahren Portugal beherrschende rechtsgerichtete Diktatur erhoben hatten. Im Grenzerhäuschen hatten die mit einem Auto aus Madrid gekommenen Zeitungsleute gefragt, wie lange die Porträts des Staatspräsidenten Admiral Américo Tomás und des Regierungschefs Marcelo Caetano noch an der Wand blieben. „Vielleicht holen wir sie morgen früh runter. Das hängt von den Nachrichten aus Lissabon ab", meinte einer der beiden Polizisten, während der andere ihm einen strafenden Blick zuwarf.

Die Nelke im Gewehrlauf der revolutionären Soldaten wurde zum Symbol des nahezu unblutigen Staatsstreichs

Zehn Tage später führten uns Offiziere durch das Gebäude der gefürchteten politischen Polizei, abgekürzt Pide, wo sie die Zellen der Festgenommenen, die Verhör- und Folterräume zur Besichtigung freigegeben hatten. Im großen Telexgerät der Pide steckte noch die letzte eingegangene Nachricht. Sie kam vom Grenzposten Caia bei Elvas und lautete: „Vor wenigen Minuten erschienen hier die deutschen Journalisten Müller und Haubrich und ihr spanischer Kollege Oneto mit gültigen Pässen. Sie wollten noch am Abend in Lissabon eintreffen. Man beobachte sie sehr genau." Dazu kamen die Pide-Polizisten in Lissabon nicht mehr. Sie stellten in dieser Nacht noch ihre Arbeit ein und ergaben sich am frühen Morgen den Militärs. Die drei Berichterstatter – der Chefredakteur des großen spanischen Wochenmagazins *Cambio 16,* José Oneto, der damalige Pressefotograf und spätere *Spiegel*-Korrespondent Volkhardt Müller und der Autor dieser Zeilen, Korrespondent der *Frankfurter Allgemeinen Zeitung* auf der Iberischen Halbinsel, verließen in aller Eile den Grenzposten, ohne zu ahnen, dass ihre wenige Minuten später eingetroffenen Kollegen dort dann zwei Tage lang warten mussten. Der Flug- und Eisenbahnverkehr nach Portugal war schon am frühen Morgen eingestellt worden.

Auf den portugiesischen Sendern war auf dem Weg von Elvas nach Lissabon – wie bei Staatsstreichen üblich – ständig Militärmusik zu hören, nur hin und wieder unterbrochen von einer kurzen Durchsage, die offenbar erst vor wenigen Stunden gegründete Junta zur Nationalen Rettung werde sich über Fernsehen und Radio bald dem portugiesischen Volk vorstellen und ihr Programm verkünden. In den Städten und Dörfern, auf den 200 Kilometern von der Grenze bis in die Hauptstadt war niemand auf der Straße zu sehen. Das Stadtzentrum von Lissabon wirkte bei leichtem Regen wie ausgestorben. Es war sicher nicht der Regen, der die Portugiesen in ihren Häusern festhielt. Es war vielmehr die Ungewissheit über das, was in dieser Nacht noch geschehen könnte.

Am späten Nachmittag war noch eine der inzwischen abgesetzten Regierung Caetano treue Panzerkolonne durch das Stadtzentrum bis zum Ufer des breiten Tejo-Flusses gefahren. Auf dem Rossio-Platz mitten in der Stadt erschienen kurz vor Mitternacht jugendliche Mitglieder der radikalen maoistischen Bewegung für die Reorganisation der Partei des Proletariats (MRPP) und riefen bald populär werdende Parolen wie „Kein Soldat mehr in die afrikanischen Kolonien" oder weniger gern gehörte Sprüche gegen die bürgerliche Demokratie. Die jungen Maoisten waren von dem Militäraufstand überrascht worden. Unter ihnen befand sich einer der damals radikalsten Führer, Durão Barroso, bald danach Mitglied der heute regierenden liberal-konservativen Partei (PSD) und seit Anfang April 2002 Premierminister Portugals. Rund um das von Soldaten der Bewegung der Streitkräfte umstellte Zentralquartier der politischen Polizei hatten sich zahlreiche Menschen versammelt und riefen im Chor den schnell verbreiteten Slogan „O povo está com o MFA", das Volk steht zu der Bewegung der Streitkräfte.

An einem einzigen Tag hatten die Offiziere der Bewegung der Streitkräfte ein mehr als vier Jahrzehnte währendes Regime der Unfreiheit gestürzt. Die einzigen Todesopfer waren drei von den Pide-Leuten aus den Fenstern ihres Amtssitzes heraus erschossene Zivilisten. Der Staatsstreich darf als unblutig bezeichnet werden, und daran hatte sicher auch Marcelo Caetano, der letzte Regierungschef der Diktatur, ein Verdienst. Er sah ein, dass der Widerstand der regierungstreuen Minderheit in den Streitkräften nutzlos gewesen wäre und übergab noch am Nachmittag die politische Macht an den populären General António Spínola, den er einige Monate zuvor noch aus dem Amt des stellvertretenden Generalstabschefs entlassen hatte.

Spínolas Buch „Portugal und die Zukunft" hatte zahlreiche Militärs und Zivilisten von der Notwendigkeit tief greifender politischer Veränderungen überzeugt und den Umsturz vorbereitet. Das von der Diktatur verbotene Lied „Grândola vila morena", kurz nach Mitternacht von einem privaten Rundfunksender ausgestrahlt (siehe Kasten Seite 109), wurde zum vereinbarten Signal der militärischen Erhebung und eine Blume zusammen mit dem Buch und dem Lied zum Symbol der Revolution. Die Blume, die später so werbewirksame Nelke, verdanken die aufständischen Militärs einem Zufall. Eine Kellnerin, in deren Restaurant Nelken übrig geblieben waren, steckte eine davon spät nachts auf ihrem Heimweg einem Soldaten in den Gewehrlauf. Die Blumenverkäufer taten es ihr am nächsten Morgen nach. Am 26. April zogen Zehntausende singend und jubelnd durch die Straßen und über die Plätze Lissabons. Nie hatte man die sonst eher zurückhaltenden, fast melancholisch wirkenden Portugiesen so ausgelassen und heiter erlebt. Millionen Menschen feierten in den nächsten Tagen bis über den 1. Mai hinweg lärmend und nie aggressiv den „demokratischen April" in Portugal.

Die Portugiesen hatten allen Grund zum Feiern. Der von 1932 bis 1968 herrschende Diktator Salazar hatte die Mehrheit der Bevölkerung in großer Armut leben lassen. Wichtig für Salazar waren in erster Linie die gesunden Staatsfinanzen. So hungerten viele Portugiesen oder versuchten, auf Arbeitssuche illegal das Land zu verlassen, während in der Staatskasse mehr Devisenreserven als in fast allen vergleichbaren Ländern lagen. Viele junge Portugiesen verloren mehrere Jahre ihres Lebens – und nicht wenige auch das Leben selbst – im Unabhängigkeitskrieg der portugiesischen „Überseegebiete" Angola, Moçambique und Guiné-Bissau.

Portugal wurde für über ein Jahr zum bevorzugten Wallfahrtsort vieler europäischer Demokraten und auch utopischer Sozialrevolutionäre. Gewandelt hatte sich vor allem das äußere Bild der Städte. Lissabon, bis dahin auch in der Kleidung seiner Bewohner noch beherrscht von dunkler Seriosität, war zu einer bunten Stadt geworden, voller lebensfroher Menschen. Die Frauen zogen sich hübsch und auffallend modisch an, gingen auch am späten Abend noch aus, so als lebten sie in Madrid oder Paris. Die Portugiesen schienen plötzlich stolz auf sich selbst geworden zu sein; „April in Portugal" wurde zum Motto für ein neues, lebenshungriges Land.

Starke Basisorganisationen und eine direkte Demokratie forderte der Stratege des Aufstandes und spätere General Otelo de Carvalho im Einklang mit der libertären Linken. Die Verteidiger des demokratischen Sozialismus und die wenigen weiter rechts stehenden Demokraten rivalisierten während des fast zwei Jahre dauernden revolutionären Prozesses um die Führung der Bewegung und damit um den Einfluss auf die Regierung. Schließlich setzten sich die der Sozialistischen Partei (PS) nahestehenden Offiziere wie Melo Antunes und Vasco Lourenço durch, zeitweise unterstützt von Otelos Basisdemokraten, die ebenfalls eine Machtübernahme der Kommunistischen Partei (PCP) und deren Freunde in den Streitkräften verhindern wollten. Die Offiziere versuchten, so lange der von ihnen gebildete Revolutionsrat noch das Sagen hatte, eine revolutionäre Veränderung nach dem Lehrbuch durchzusetzen, taten dabei aber alles, um Blutvergießen zu vermeiden. Wenn gewaltsame Zusammenstöße oder gar ein Bürgerkrieg drohten, beendeten sie die Experimente, die zu einer gesellschaftlichen Neuordnung führen sollten. Sie gaben die Macht, die sie fest in der Hand hatten, freiwillig wieder ab. Das ist ein bei durch Putsch an die Macht gekommene Militärs höchst seltenes Verhalten.

Otelo de Carvalho koordinierte in der Nacht vom 24. auf den 25. April von seinem Kommandostandort Pontinha aus die Bewegungen der aufständischen Regimenter meisterhaft und sorgte dann anderthalb Jahre als Sicherheitschef des Landes dafür, dass – obwohl die Menschen in großen Massen fast täglich demonstrierten – niemand ernstlich zu Schaden kam. Später brachte ihm seine Nähe zu gewalttätigen Gruppen eine Gefängnishaft ein. Heute lebt Otelo von bescheidenen Import- und Exportgeschäften mit der ehemaligen portugiesischen Kolonie Angola, ist immer noch guten Mutes und glaubt, die Revolution habe sich trotz mancher Enttäuschung doch gelohnt: „Wir haben die Freiheit erobert und den Portugiesen die Menschenwürde erkämpft. Sehen Sie heute noch etwas von der ängstlichen Unterwürfigkeit der armen Portugiesen, die uns vor der Revolution so ärgerte und empörte?", fragte er uns bei einem Gespräch in seinem schlichten Büro. „Ich

MERIAN-Autor Walter Haubrich (links) 1975 in Lissabon mit dem späteren Premierminister und Staatspräsidenten Mário Soares

glaube schon, Portugal hätte der Welt ein neues Modell, eine repräsentative Demokratie vermischt mit basisdemokratischen Institutionen geben können, und ich denke, das hätte funktioniert. Doch die meisten, auch unter uns Offizieren, schreckten damals vor diesem Experiment zurück."

Der zeitweilige Oberkommandierende der Region Lissabon, General Vasco Lourenço, hatte die Geheimtreffen der Offiziere vor dem Putsch organisiert und energisch den Zeitpunkt der Wahlen verteidigt, als die Kommunisten diese verschieben wollten. Die Führung der Streitkräfte und die zivilen Regierungen – selbst die der Sozialistischen Partei – haben sich gegenüber Lourenço und den anderen uniformierten Verteidigern der repräsentativen Demokratie nicht gerade dankbar gezeigt. Lourenço, heute Vorsitzender der Vereinigung 25. April, meint leicht resigniert, aber ohne Ressentiments: „Wir hatten, als wir für Portugal die Freiheit eroberten, uns natürlich politisch betätigt. Das passte den konservativen Militärs nicht, die im übrigen vielleicht auch Neid verspürten, weil wir eine Zeitlang als Volkshelden gefeiert wurden."

Lourenço, Otelo und andere Militärs des 25. April, auch die Politiker der neuen Demokratie, wie der Premierminister und spätere Staatspräsident Mário Soares, kamen in den beiden heißen Jahren der Revolution häufig in die Bar des Hotels „Tivoli", um dort mit portugiesischen und ausländischen Journalisten zu diskutieren. Die berühmte Bar gleich neben dem Eingang gibt es nicht mehr. Den neuen Eignern, auch Besitzer der Bank Espírito Santo, war wohl die Erinnerung an die Nelkenrevolution, die sie im freiwilligen spanischen Exil verbrachten, nicht gerade angenehm, und so ließen sie das Fünfsterne-Hotel ohne seine ebenso gemütliche wie historisch bedeutsame Bar. Die Erinnerung an die Revolution und ihre Protagonisten wurde in den achtziger Jahren bewusst verdrängt. Vom Revolutionsrat häufig getroffene Beschlüsse, wie etwa die meisten Verstaatlichungen privater Firmen, wurden rückgängig gemacht.

Die Begeisterung der Portugiesen war bald verflogen, viele Nelken schnell verblüht, doch die Freiheit ist ihnen bis heute geblieben.

die lange Diktatur, doch auch die Tage der heiteren Nelkenrevolution sind für die jungen Menschen in Portugal Geschichte; aber den Rechtsstaat, demokratische Institutionen und soziale Marktwirtschaft akzeptieren sie, ohne sich lange zu fragen, wem sie das alles zu verdanken haben. Die Älteren denken schon manchmal mit Nostalgie zurück an die Zeit vor 30 Jahren, als in ihrem Land zur Bewunderung der ganzen Welt eine der beiden letzten Rechtsdiktaturen Europas ohne Blutvergießen gestürzt wurde und der Ruf „April in Portugal" zu einem Zeichen der Hoffnung für viele Menschen auf der ganzen Welt wurde. □

Walter Haubrich, *Jahrgang 1935, Journalist, lebt in Madrid. Für die* Frankfurter Allgemeine Zeitung *berichtet er seit 35 Jahren von der Iberischen Halbinsel und aus Lateinamerika. Während der Nelkenrevolution war er einer der wenigen deutschen Journalisten in Portugal. Für* MERIAN *begab Haubrich sich 30 Jahre später noch einmal auf Spurensuche nach Lissabon.*

25. April 1974, Null Uhr Zwanzig, neunzehn Sekunden

General Otelo Saraiva de Carvalho ist Chefstratege der Revolutionäre. Er will das Signal zum Aufstand im Radio ausstrahlen. Der Staatssender scheidet aus. Bleibt Rádio Renascença, denn es verfügt über eine enorme Reichweite. Aber Otelo Saraiva de Carvalho hat ein Problem: Wem bei Renascença kann er vertrauen? Freunde empfehlen ihm die Redaktion von Limite, bekannt für regimekritisches Programm. Manuel Tomaz, damals Redakteur der Sendung, erinnert sich: „Am Nachmittag des 24. April kommt ein freier Mitarbeiter, Carlos Albino, zu mir und lädt mich auf einen Kaffee ein." Anstatt die Bar nebenan betreten die Männer eine Kirche, wohl der einzig sichere Ort. Kniend und mit gefalteten Händen weiht Albino seinen Kollegen in Otelos Plan ein. „Heute nacht, um genau 00:20, ist es soweit. Bist Du dabei?" Die jungen Journalisten machen sich an die Arbeit. Signal soll das Lied Grândola Vila Morena sein, in dem José Afonso von Freiheit und Brüderlichkeit singt. Am Abend ist das Band fertig, das Zeichen für die Revolution versteckt in einer Sendung über Poesie und Musik. Der Zensor sieht diesmal kein Problem. Gegen 23 Uhr 30 betritt Manuel Tomaz den Sender. Er hat das Band unter dem Arm, dessen Funktion nur Carlos und er kennen - und die Generäle draußen in den Kasernen vor den Radios. „In jener Nacht hatte ich keine Angst. Ich wollte nur, dass die Diktatur endlich aufhört." Carlos Albino sieht den Zeiger auf 0.20 Uhr springen. Jetzt müsste es losgehen. Aber der Ansager schiebt einen Werbeblock ein. „Ich dachte, es ist aus." Manuel Tomaz fühlt kostbare Zeit verrinnen. Er startet das Band. Konfusion bricht aus, Zensor und Ansager bestürmen die Redakteure. Währenddessen schneidet die sonore Stimme José Afonsos durch die Nacht. Es ist null Uhr zwanzig und neunzehn Sekunden am 25. April 1974, und ein Land ist auf dem Weg in die Freiheit.

Julia Knobloch

MERIAN-Top Ten

1. **Castelo São Jorge** Die Burg auf dem höchstgelegenen Gelände der Stadt ist ideal, um sich einen ersten Eindruck von Lissabon zu verschaffen.
2. **Das Mosteiro dos Jerónimos** in Belém, Weltkulturerbe der Unesco, beeindruckt durch den Prunk manuelinischer Baukunst.
3. **Linie 28** Eine Fahrt mit Lissabons historischer Straßenbahn (rumpelt durch alte Stadtviertel zwischen dem Prazeres-Friedhof und dem Martim-Moniz-Platz) ist ein Muss.
4. **Metropolitano de Lisboa** Die neuen Metro-Stationen sind in ihrer künstlerischen Ausgestaltung weltweit einmalig.
5. Die **Lalique-Preziosen** im Gulbenkian-Museums stellen den Gipfel der Golschmiedekunst des Jugendstils dar.
6. **Die Versuchung des Hl. Antonius,** das berühmte Bosch-Gemälde, zieht Besucher des Museu Nacional de Arte Antiga in seinen Bann.
7. **Oceanário** Das Ozeanarium auf dem ehemaligen Expo-Gelände (Parque das Nações) ist das größte Aquarium Europas.
8. **Madre de Deus** Das Muttergottes-Kloster mit Azulejo-Museum ist das Mekka der Fliesenfreunde.
9. **Docas** Eine Reihe von ehemaligen Lagerhallen zwischen Cais do Sodré und Alcântara sind in den vergangenen Jahren umgebaut worden. Hier ist nachts der Bär los, wenn sich Lissabons Jugend in Bars, Diskotheken, Restaurants drängt.
10. **Noite de Santo António** (13. Juni) Glücklich, wer Lissabon im Juni besucht: er kann mit den Lissabonnern das Fest des Stadtheiligen feiern - zum Beispiel bei Rotwein und gegrillten Sardinen im girlandengeschmückten Stadtteil Alfama.

An der Nasenspitze Europas

Lissabon, das ist mal ein eitles, junges Mädchen und mal ein großes Dorf. Immer aber bleibt die portugiesische Hauptstadt die Königin des Tejo

Auf barocken Landkarten wird Europa gern als weibliche Herrscherfigur dargestellt. Die Iberische Halbinsel ist der Kopf, und auf der in den Atlantik ragenden Nasenspitze liegt Lissabon, eine faszinierende Metropole Europas. Hier, wo Amerika und Afrika gleichermaßen am nahesten liegen, wo zudem noch Portugals größter Fluss kurz vor seiner Mündung ein riesiges Ästuar bildet, ist das Wasser das dominierende Element. Über das Wasser kamen frühe Siedler und Eroberer, die Phönizier, die Römer, die Vandalen, die Araber. Von hier legten die Karavellen der portugiesischen Entdecker und Kolonisatoren ab, die Lissabon im 16. und 17. Jahrhundert zur blühenden Handelsmetropole machten. Vom Meer kam auch das gewaltige Beben, das 1755 große Teile der Stadt in Schutt und Asche legte. Über das Meer verließen die ersten Emigranten Portugal, um sich in der ganzen Welt zu verstreuen. Für die Verfolgten der Nazizeit war es der Hafen der Hoffnung, für die jungen Portugiesen, die in den Kolonialkrieg (1961-74) geschickt wurden, schmerzensreicher Ort des Abschieds. Und für die nach Beendigung dieses Krieges zurückgekehrten *retornados* ein Start in eine neue Zukunft. Die mit dem Eintritt in die EU (1986) verbundene Hinwendung zum europäischen Festland, aber auch die Zunahme des modernen Luftverkehrs, haben Lissabons Bedeutung als Hafen geschwächt. Geblieben ist die maritime Atmosphäre, das durch die atlantische Feuchtigkeit gemilderte Klima und seltsam gefilterte Licht. Das Wasser ist allgegenwärtiges, prägendes Element vom Parque das Nações, dem ehemaligen Expo-Gelände, über die Vergnügungsmeile entlang der *docas* bis zum historischen Belém.

Für Touristen und Einheimische (die so genannten *alfacinhas,* „Salatköpfchen") ist Lissabon ein Ort, wo es sich gut leben lässt (Sprichwort: „Coimbra studiert, Braga betet, Porto arbeitet und Lissabon feiert"). Mit seinen Cafés, Restaurants, Kneipen, Fado-Lokalen, Nachtclubs ist es auch die Hauptstadt der *movida,* des nächtlichen Treibens. Mehr als ein Viertel der portugiesischen Bevölkerung lebt im Großraum Lissabon. Trotz seines megalomanen Charakters (noch ein Sprichwort: Portugal ist Lissabon, der Rest ist Landschaft) wird Lissabon gerne „das große Dorf" *(a grande aldeia)* genannt, und so stößt der Besucher immer wieder mitten in der

Die Rua Augusta in der Baixa mit dem Triumphbogen an der Praça do Commércio ist das geschäftige Zentrum der Stadt

Großstadt auch auf ländliches Ambiente. Nach einer Erhebung von 1994 lehnen sich 30 Prozent der Lissabonner gern aus dem Fenster, um einfach nur zu gucken oder ein Schwätzchen mit der Nachbarschaft zu halten.
Nach einem bekannten Fado (Text: Ary dos Santos) trägt Lissabon auch den Beinamen *menina e moça*, junges Mädchen. Und eitel wie ein junges Mädchen schminkt es sich gerne: all die Renovierungs- und Restaurierungsarbeiten der letzten Jahre haben viel zur Verschönerung der *menina e moça* beigetragen, lassen aber noch genügend Raum für den morbiden Charme der etwas heruntergekommenen „Königin des Tejo" *(rainha do Tejo)*, der sich nur dem nostalgischen Spaziergänger erschließt.

Peter Koj

ANREISE

Mit dem Auto

Je nach Startort über die westliche Route (Paris – Bordeaux – Hendaye – Salamanca – Vilar Formoso) oder die östliche (Rhonetal – Barcelona – Madrid – Badajoz). Beim ADAC vorher Einkünfte über die günstigste Strecke einholen (Baustellensituation u.ä.). In Lissabon ist ein Auto eher hinderlich (Orientierungs-, Park- und Aufbruchsprobleme). Ein gut ausgebautes Verkehrsnetz (U-Bahn, Bus und Straßenbahn) sowie günstige Taxitarife machen es zudem entbehrlich.

Mit dem Zug

Da Portugal noch nicht an das europäische Hochgeschwindigkeitsnetz angeschlossen ist, ist Bahnfahren zeitraubend und anstrengend. Die Preise variieren je nach Buchungstermin und Abreiseort (ca. 400-450 € für Hin- und Rückfahrt).

Mit dem Bus

Die Deutsche Touring bietet in Zusammenarbeit mit der portugiesischen Busgesellschaft Intercentro Busfahrten von vielen deutschen Städten an. Eine Reisedauer von, je nach Startort, 20 und mehr Stunden ist sicher nicht förderlich für Thrombose-Gefährdete. Preise je nach Startort, 220-250 € (Hin- und Rückfahrt).

Mit dem Flugzeug

Die Lufthansa fliegt Lissabon täglich von verschiedenen deutschen Flughäfen an, die TAP sechsmal wöchentlich von Frankfurt und München. Die Lufthansa-Tochter Germania bietet seit November 2003 dreimal wöchentlich Billigflüge von Berlin, Hamburg, Düsseldorf und München an.

AUSKUNFT

(L 5) Tourist-Information

Das Tourismusbüro im Palácio Foz gibt Auskunft und hilft bei der Zimmerreservierung. Stadtplan und Prospektmaterial gratis. Verkauf der Lisboa Card (berechtigt zum freien Eintritt zu vielen Sehenswürdigkeiten und Museen), der Lisboa Shopping Card und Lisboa Restaurant Card (gewähren Rabatte in bestimmten Geschäften und Restaurants).

INFO | INHALT

Rossio-Bahnhof

Expogelände

Lapa Palace Hotel

INFO | LEGENDE

Alle Adressen im Info-Magazin sind MERIAN-Empfehlungen. Preiskategorien Hotels: € DZ bis 100 €, €€ DZ 100-200 €, €€€ DZ über 200 €. Preiskategorien Restaurants (für ein Hauptgericht): € bis 10 €, €€ 10-20 €, €€€ ab 20 €.

Die Planquadrate mit großen Lettern (A 3) beziehen sich auf die MERIAN-Karte (S. 131-133), die mit kleinen (b 2) auf den Umgebungsplan (S. 135). Detailkarten von Belém, vom Parque das Nações sowie einen Metroplan finden Sie auf der Faltkarte.

INFO Service

Stadtdaten

Fläche:
Die Stadt Lissabon umfasst eine Fläche von 87 Quadratkilometern, der Großraum Lissabon 3128 Quadratkilometer (dazu gehören Ortschaften wie Setúbal, Sesimbra, Sintra, Cascais).

Einwohner:
Während 1991 noch 663 994 Einwohner in Lissabon lebten, waren es 2001 nur noch 556 997. Im Großraum Lissabon leben heute knapp 3,5 Millionen Menschen.

Geographie:
Lissabon liegt an der Mündung des Tejo, der, bevor er bei Caxias in den Atlantik mündet, ein breites Becken bildet, das so genannte Strohmeer, in dem angeblich alle Schiffe der Welt Platz finden würden. Die Stadt ist auf sieben Hügeln erbaut (Castelo, Graça, Monte, Penha de França, S. Pedro de Alcântara, Santa Catarina, Estrela). Der höchste Punkt ist die Festung von Monsanto (230,5 m).

Wirtschaft:
Der Großraum Lissabon ist nach Porto die wirtschaftlich bedeutendste Region Portugals. Während im Stadtgebiet das Dienstleistungsgewerbe dominiert, hat sich die Industrie im Großraum angesiedelt, vor allem im Süden und Osten (Werften, chemische Industrie, Autoindustrie). Die Arbeitslosenquote lag 2002 bei 6,5 Prozent (gegenüber landesweiten 5,1 Prozent). Tendenz steigend. Das Durchschnittseinkommen lag im selben Zeitraum im Stadtgebiet bei etwas über 1000 € (Portugal: 729 €). Am 31.12.2002 waren im Großraum Lissabon 126 869 Ausländer registriert, davon 76 891 Afrikaner und 27 941 Europäer (darunter 3659 Deutsche). Hinzu kommt eine hohe Zahl illegaler Immigranten, vor allem aus Osteuropa.

MERIAN-orbit

Die Mündung des Tejo mit Lissabon am nordöstlichen Ufer und der Costa do Sol auf der Halbinsel im Süden – eine Satellitenaufnahme aus 705 Kilometern Höhe. Ganz links das Cabo da Roca, der westlichste Punkt des europäischen Festlandes. Wer genau hinschaut, erkennt auch die beiden Brücken, die im Süden (die Ponte 25 de Abril) und Osten (die Ponte Vasco da Gama) Lissabons über den Tejo führen.

Tourismusbüro: Palácio Foz Praça dos Restauradores Tel. 213 46 33 14 *tgl. 9-20 Uhr*
Filialen (sog. Welcome Centers) an der Praça do Comércio (Westseite, neben dem Postamt) sowie in der Eingangshalle des Flughafens und des Bahnhofs Santa Apolónia, dazu ein Info-Stand in der Rua Augusta (Baixa).

Portugal-Anbieter

Die meisten deutschen Reiseveranstalter haben Lissabon im Programm. Europas größter Veranstalter von Portugalreisen ist **Olimar, Unter Goldschmied 6, 50667 Köln Tel. (02 21) 205 90 81 reisebuero@olimar.com www.olimar.com**
Spezialist für Lissabon ist auch **Lusotravel, An der Alster 71, 20099 Hamburg, Tel. (040) 280 81 80 info@lusotravel.de www.lusotravel.de**

Telefonieren

Die internationale Vorwahl von Lissabon ist 003 51. Briefmarken im Postamt zu kaufen ist zeitraubend (mit *senha,* Wartenummer). Besser am Automaten ziehen oder gleich zusammen mit den Postkarten kaufen.

Touristen-Pass

Carris bietet einen Passe turístico an (gelber Verkaufsstand an der Südwest-Ecke der Praça da Figueira).
Für 2,75 € pro Tag (4 Tage: 9,95 €, 7 Tage: 14,10 €) kann man mit Bus, Straßenbahn und Metro fahren. Etwas umständliches Verfahren (Personalausweis bereit halten!). Für die automatisch schließenden Metrozugänge braucht man noch einen *guia* (an jeder Metro-Station bei Vorlage des Passe turístico kostenlos erhältlich). Der Touristenpass schließt nicht die Züge nach Cascais und Sintra ein.

DATEN | WETTER

Lissabon	Jan.	Feb.	März	Apr.	Mai	Juni	Juli	Aug.	Sept.	Okt.	Nov.	Dez.
Durchschn. Höchstw. in °C	14	15	17	20	21	25	27	28	26	22	17	15
Durchschn. Tiefstwert in °C	8	8	10	12	13	15	17	17	17	14	11	9
Sonnenstunden pro Tag	5	6	6	8	9	11	11	11	8	7	5	5
Regentage	15	12	14	10	10	5	2	2	6	9	13	15
Wassertemperatur in °C	14	14	14	15	16	17	18	19	19	18	16	15

Lissabon hat durch die Nähe des Atlantiks ein angenehmes, ausgeglichenes Klima. Temperaturen an die 40° C sind die Ausnahme, ebenso wie Schneefall. Die atlantischen Winde verhindern auch die Smog-Bildung.

Rundfahrten

Das Tourismusbüro im Palácio Foz und seine Welcome Centers informieren über Rundfahrten mit dem offenen Bus, historischen Straßenbahnen (Anbieter: Carris, Cityrama, Cityline) oder dem Schiff. Die Firma Transtejo bietet im Sommer eine sehr schöne Rundfahrt ab dem Terreiro do Paço an und gepflegte Lunch Cruises bzw. Dinner Cruisesab der Doca de Alcântara.

BÜCHER

Lissabon & Umgebung Johannes Beck, Michael Müller Verlag 2003, 19,90 €. Der ultimative Lissabon-Führer. Mit dem „Lisboa Best Travel Guide Award" ausgezeichnet.

Das Erdbeben von Lissabon, Horst Günther, Wagenbach Taschenbuch 1994 (nur noch antiquarisch) Dokumentation zur größten Katastrophe Lissabons, das Erdbeben von 1755.

Lissabon, Ein literarisches Porträt. Ellen Heinemann, Insel Taschenbuch 1997, 11,50 €. Texte über Lissabon von 1738 bis heute. Für historisch Interessierte.

Lissabon. Literarische Streifzüge durch die Stadt, Straßen, Dichter, Lokale. Werner Herzog, Books on Demand 2002, 11,90 €. Liebevolle Führung durch den bekannten Filmemacher und Lissabon-Kenner.

Portugiesische Tagebücher, Curt Meyer-Clason, A 1 Verlags GmbH 1997, 22,50 €. Die Memoiren des ehemaligen Leiters des Lissabonner Goethe-Instituts, als dieses Treffpunkt portugiesischer Intellektueller war, die in Opposition zum Salazar-Regime standen.

Mein Lissabon, Fernando Pessoa, Ammann Verlag 2001, 15,50 €. Die etwas trockene Fleißarbeit des großen portugiesischen Dichters aus jungen Jahren.

Lissabonner Logbuch, José Cardoso Pires, Carl Hanser Verlag 1997, 9,90 €. Eine sehr intime Darstellung Lissabons und seiner Bewohner von dem vor einigen Jahren verstorbenen portugiesischen Schriftsteller.

Die Nacht von Lissabon, Erich Maria Remarque, Kiepenheuer und Witsch 1998, 8,90 €. Schildert das Schicksal der vor dem Nazi-Regime nach Lissabon Geflüchteten.

Geschichte der Belagerung von Lissabon, José Saramago, Rowohlt Taschenbuch 1997, 8,50 €. Die Belagerung Lissabons durch die Mauren. Geistreich-verspielte Darstellung dieser Lissabonner Stadtepisode von dem portugiesischen Nobelpreisträger.

Lissabonner Requiem, Antonio Tabucchi, Deutscher Taschenbuch Verlag 1998, 7,50 €. Das Kultbuch zu Lissabon und Pessoa, original auf Portugiesisch geschrieben vom ehemaligen Leiter des Lissabonner Istituto Italiano und italienischen Autor Antonio Tabucchi.

Tod in Lissabon, Robert Wilson, Goldmann 2002, 9,90 €. Großartig geschriebener Kriminalroman mit ausgezeichnetem Hintergrundwissen. Viel Interessantes zu den deutsch-portugiesischen Beziehungen von der Salazar-Zeit bis heute.

MERIAN | TIPP

Palast der Fliesen

Am Fuß des Monsanto-Hügels, mit Blick auf Benfica und das neue, futuristisch anmutende Estádio da Luz, liegt ein wahres Kleinod, der Palácio dos Marqueses de Fronteira. Dom João de Mascarenhas, der erste Marquês de Fronteira, Held der Unabhängigkeitskriege gegen die Spanier, hat ihn bauen lassen (1670-75). Der Palast ist heute noch im Privatbesitz der Mascarenhas, kann aber zu bestimmten Zeiten besichtigt werden. Andachtsvoll folgt die kleine Gruppe dem Führer, fasziniert von dem Zauber dieses wohl einmaligen Ensembles von klassischer Gartenanlage, Freitreppen, Veranden, Pavillons und prachtvoll gestalteten Sälen. Hauptattraktion sind die Azulejos, zumeist in blau-weiß, darunter die angeblich ersten aus Holland importierten Fliesenbilder (im Speisesaal), die Paneele im Schlachtensaal (Sala das Batalhas) mit Szenen der Befreiungskriege und die 12 Reiterportraits an der Außenmauer, die im Flimmer der im nahen Teich (Tanque do Jardim) sich spiegelnden Mittagssonne zu tanzen scheinen.
Kurios die allegorischen Darstellungen auf der Veranda des Obergeschosses. Hier tummeln sich allerhand Fabelwesen, Mönche in Affengestalt, seltsame Katzen.

(F 1) Palácio dos Marqueses de Fronteira
Largo de São Domingos de Benfica 1, Tel. 217 78 20 23
Juni-Sept. halbstündlich von 10.30-12, Okt.-Mai 11 und 12 Uhr, So geschlossen

Blick vom Elevador de Santa Justa auf das pulsierende Herz Lissabons, den Rossio

(C/D 2/3) Alfama

Das malerische Viertel verdankt seinen Charakter und Namen (= arab. *alhama,* „Therme") den Arabern, die hier länger als vier Jahrhunderte (bis 1147) ansässig waren. Die labyrinthischen Gassen mit ihren idyllischen Patios verraten die alte Vorgängerform der Kasbah. Es sind sogar noch Reste der maurischen Stadtmauer (Cerca Moura) mit einem Wachtturm zu sehen (Largo de São Rafael). Auch verrät die geschlossene Häuserfront am Südrand des Alfama-Viertels mit ihren schmalen Eingangsbögen *(arcos)* den Verlauf der früheren arabischen Stadtmauer. Ein Bummel über den morgendlichen Fischmarkt in der Rua de São Pedro (von dienstags bis samstags) ist am besten geeignet, sich in die orientalischen Zeiten des Viertels zurückzuversetzen. Am spektakulärsten präsentiert sich Alfama am 13. Juni, dem Fest des heiligen Antonius.

(I/K 6) Alto de Santa Catarina

Von hier oben, auf der Spitze eines der sieben Hügel Lissabons, hat man einen schönen Blick auf den Tejo. Besonders stimmungsvoll sind die frühen Abendstunden in Gesellschaft spielender Kinder und kartenzockender Männer.
Rua de Santa Catarina

(G 1-I 3) Aqueduto das Águas Livres, Mãe d'Água

Der 1731-1748 erbaute Aquädukt, der über 18,5 km Wasser aus Caneças (im Nordwesten Lissabons) heranführt, war schon im 18. Jh. ein Anachronismus. Er konnte nie den Wasserbedarf der Hauptstadt decken und ist inzwischen still gelegt. Sehr beeindruckend sind die 35 Bögen, die das tief eingeschnittene Tal von Alcântara überbrücken. Der größte hat eine Spannweite von 28 m und ist mit einer lichten Höhe von 65 m der höchste aus Stein gemauerte Spitzbogen der Welt. Wie ein Wunder hat er das Erdbeben von 1755 überdauert. Nachdem lange Jahre der Aquädukt gesperrt war, kann man jetzt einen Spaziergang von Monsanto bis Amoreiras unternehmen, allerdings nur in den Monaten März-Oktober. Der Zugang ist von der Calçada da Quintinha auf der Amoreiras-Seite möglich. Der Aquädukt endet am Jardim das Amoreiras mit der Mãe d'Água („Mutter des Wassers"), Auffangreservoir, Triumphbogen und Stadttor zugleich. Das Reservoir (Fassungsvermögen: 55 000 l) wirkt mit seinen wuchtigen Säulen und hohen Fenstern eher sakral. Die feierliche Atmosphäre wird durch das reflektierende Wasser noch erhöht und bildet eine effektvolle Kulisse für gelegentlich hier stattfindende Konzerte.
Kombikarte möglich
Tel. 218 10 02 15 (Reservatório da Patriarcal und Museu d'Água da EPAL)

(K 3-L 5) Avenida da Liberdade

Lissabons Prachtstraße ist besonders sehenswert auf Höhe des Stadtparks Passeio Público. Im ersten Teilstück (1882 eröffnet) stellen zwei noch aus dem ehemaligen Passeio stammende Brunnenfiguren (1836) Portugals größte Flüsse dar, den Tejo und den Douro. Auf beiden Seiten der Avenida Bauten des Historismus, des Fin de siècle und der beginnenden Moderne, die in den letzten Jahren mehr und mehr durch funktionale Gebäude ersetzt wurden. Trotzdem lädt die Avenida mit ihren grünen Zonen, Ruhebänken, schönen Pflasterbildern, ihren Straßencafés und Geschäften zum Flanieren ein.

(I/K 5/6) Bairro Alto

Ursprünglich ein vornehmes Viertel mit schönen Stadtpalästen, heute eines der lebendigsten Viertel Lissabons, besonders zu vorgerückter Stunde. Ab Mitte des 18. Jh. wurde es allmählich zum Rotlichtmilieu und zur Hochburg des Fado. Ab Mitte des 19. Jh. richteten sich die großen Zeitungen hier ein, deren Namen einige Straßen noch tragen (R. do Século, R. do Diario de Notícias). Heute findet man im Bairro Alto ein buntes Gemisch alter Wohnhäusern, Restaurants, Kneipen, Fadolokalen und Boutiquen.

(A/B 2/3) **Baixa**
Nach dem Erdbeben von 1755 als Viertel der Handwerker entstanden, ist es heute das Zentrum der Banken und Geschäfte. Die meisten Straßen sind für den Autoverkehr gesperrt. Reges Treiben mit fliegenden Händlern, Lissabons ältestem Kino, Cafés etc.

(K 7) **Cais do Sodré**
Kopfbahnhof der Cascais-Linie mit schöner Art-déco-Fassade (Pardal Monteiro, 1928). Die zur Tejoseite gelegenen Schuppen wurden vor einigen Jahren zu Cafés und Restaurants umgebaut und ermöglichen einen freien Zugang zum Fluss.
Auf der anderen Seite der viel befahrenen 24 de Julho die schöne Markthalle (1893 begonnen, mit Azulejo-Kuppel von 1930, Praça da Ribeira).

(L 1) **Campo Pequeno**
Lissabons älteste und vornehmste Stierkampfarena. Im neoorientalischen Stil aus dunkelrotem Backstein gebaut, 1892 an der Av. da República eröffnet, bietet Platz für 8500 *aficionados,* Liebhaber des Stierkampfs, der in Portugal (im Gegensatz zu Spanien) nicht mit dem Tod des Stiers endet. Statt dessen drückt eine Gruppe von *forcados* den geschwächten Stier zu Boden.

(L 6) **Carmo**
Die Ruinen der im Erdbeben von 1755 zerstörten Karmeliterkirche beeindrucken. Leere Spitzbögen und abgebrochene Pfeiler künden von alter Pracht und Größe. Sie verleihen den hier an lauen Sommerabenden veranstalteten Freiluftkonzerten ein besonderes Flair. Neben der Kirche am beschaulichen Carmo-Platz befindet sich die Garnison der Nationalgarde (GNR), wo sich die aufregenden Szenen der letzten Stunden der Salazar-Diktatur abspielten.

Aqueduto das Águas Livres

(C 3) **Casa dos Bicos**
In Tejo-Nähe, nicht weit vom Campo das Cebolas, steht der auffällige Stadtpalast, den Afonso de Albuquerque, der Vizekönig von Indien, für seinen unehelichen Sohn bauen ließ. Schmuckfassade im Stil der italienischen Renaissance. Jede der einzelnen Spitzen *(bicos)* soll einen Diamanten getragen haben. Die beiden oberen Stockwerke wurden durch das Erdbeben zerstört und in den achtziger Jahren etwas eigenwillig rekonstruiert. Pikanterweise fand man nach Abschluss der Renovierungsarbeiten die originalen Spitzensteine unter dem Pflaster vor dem Haus wieder. Im Innern Ausstellungen zum Thema der portugiesischen Entdecker.

(C 1/2) **Castelo São Jorge**
Von Lissabons historischer Burg hat man einen fantastischen Blick auf die Stadt. Auf dem schon von den Römern besiedelten Platz bauten die Mauren eine mächtige Burg (10 Wehrtürme, deren Mauern im Schnitt 10 m hoch und 3 m dick waren). Erst im zweiten Anlauf gelang es Afonso Henriques, dem ersten König Portugals, sie zu erstürmen. Bis Ende des 15. Jhs. blieb sie Sitz der Könige. 1938 wurde die Burg völlig restauriert, wobei man es mit der historischen Wahrheit nicht so genau nahm (Einrichtung eines Burggartens). Schöner Rundgang über die Zinnen der Burg. Zu empfehlen ist die Multimedia-Show im Informationszentrum Olisipónia und die Câmara Escura auf dem Ulisses-Turm, die über ein Periskop Bilder von Lissabon zeigt.
Burggelände tgl. 9-21 Uhr (Nov.-Feb. bis 18 Uhr), Olisipónia tgl. 10-13 und 14-17.30 Uhr, Câmara Escura Mi-Mo 10-13 und 14-17.30 Uhr

FADO

Suche nach Authentizität

Den unverfälschten, unkommerziellen Fado gibt es fast nur noch in der Alfama

Es nicht leicht, dem Lissabon-Besucher, der sich auf die Suche nach Fado und Saudade begibt, einen klaren Marschplan an die Hand zu geben. Lokale, wo der nichtkommerzielle Fado *(fado vadio)* vorgetragen wird, gibt es kaum noch. Früher traf man in den Stadtteilen Bairro Alto, Bica, Madragoa, Campo d'Ourique häufiger auf Kneipen, in denen Amateure auftraten. Doch wo sind sie geblieben? Die Vier-Sterne-Etablissements im Bairro Alto sind keine Alternative (Adega Machado, Café Luso, A Severa, Adega Mesquita). Sie sind überteuert, bieten häufig folkloristisches Beiwerk, das nichts mit Fado zu tun hat, und sie sind fest in der Hand des Massentourismus. Ähnlich touristisch geht es im Velho Páteo de Sant'Ana (in der Nähe der deutschen Botschaft) zu. Ein Edelschuppen ist Sr. Vinho im Stadtteil Lapa. Doch hier trifft man schon mal auf Portugiesen. Den ursprünglicheren Fado findet man eher in Alfama, selbst wenn es hier auch nicht ohne Kommerz abgeht. Die Fado-Lokale sind in z.T. sehr reizvoll restaurierten historischen Gebäuden untergebracht, alle in unmittelbarer Nähe des Largo do Chafariz de Dentro und des Fado-Museums. Ab 20 Uhr kann gegessen werden, und ab 21 Uhr beginnt der Fado.

Fado-Sängerin in einem kleinen Lokal in der Alfama

Im Bairro Alto hört man nur noch selten authentischen Fado

(C/D 3) **Clube do Fado,** R. São João da Praça 92-94
Tel. 218 88 26 94
(D/E 2) **Parreirinha de Alfama,** Beco do Espírito Santo 1
Tel. 218 86 82 09
(D/E 2/3) **Taverna d'El Rei,** Largo do Chafariz de Dentro 14
Tel. 218 87 67 54
(D 3) **Bacalhau de Molho,** Beco dos Armazéns do Linho 1
Tel. 218 86 50 88

SITE-SEEING

TEXT: PETER GLASER

Fürstin der Städte

Lissabon-Online: Web-Adressen für Ihre ideale Reisevorbereitung

Er schrieb die Lusiaden, das portugiesische Nationalepos, und auch seine Heimatstadt wusste er in ihrer Einzigartigkeit hervorzuheben: „Lissabon", so Luís de Camões (1524-1580), sei „mit Leichtigkeit der anderen Städte Fürstin". Um zu sehen, wie uns die Stadt heute zu begeistern vermag, tauchen wir in die illuminierte Schriftenfülle des Internet und beginnen mit einem literarischen Spaziergang entlang der Orte, die mit Lissabons großen Dichtern verbunden sind **(www.webdelsol. com/LITARTS/Literary_Traveler/lisbon/lisbon.html).** Geradezu überbordende Information zu der Stadt findet man unter „Lisboa online tipp" **(www.lisboa-online.com).** Der Fächer spannt sich von Cybercafe bis Fado-Lokal, von Kinos bis Paläste, natürlich fehlt auch die portugiesische Küche nicht. Ebenfalls mit Portugal-Power ausgestattet sind Sites wie der „Reiseführer Lissabon und Umgebung" **(www.lissabon-umgebung.de,** unter anderem mit einer Hotelsuchmaschine

Infos über die Praça do Comércio gibt es im Internet u.a. unter www.lisboa-online.com

und portugiesischer Musik zum Probehören) oder die „Lissabon-Channels" unter **www.lisbon.cx,** die virtuelle, bebilderte Touren durch die Stadt offerieren. Ein Stadtplan von Lissabon steht unter **www.hotmaps.de/europe/portugal/lisbon/homede.html**, wer das Ganze live sehen möchte, findet eine Auswahl von Webcams unter:**www.autohoje.com/ahnew/camaras/cami.asp**. Hamburg, gern die „portugiesischste aller deutschen Städte" genannt, glänzt mit der Website der Portugiesisch-Hanseatischen Gesellschaft **(www.portugal-post.de),** auf der viel Interessantes über Portugiesisches in Deutschland sowie Deutsches in Portugal zu erfahren ist. Wer Quartier sucht, kann sich unter **www.maisturismo.com** oder **www.net4.com/lissabon-hotels** (preisgünstig) was Nettes aussuchen. Hilfreich ist das Online-Wörterbuch der europäischen Sprachen – unter anderem Portugiesisch-Deutsch **(europa.eu.int/euro dicautom).** Schließlich klingt ein leiser Fado auf **(www.westalgarve.de/docs/musik/musik_fado.html),** „Du streust Sehnsüchte auf den Boden / Und gegen meinen Willen / Erinnerst du mich an das Leben mit ihr..."

(K/L 6) Chiado

Neben Bairro Alto und Baixa der historische Stadtteil, der zum Flanieren einlädt. Hier findet sich eine faszinierende Mischung von Kirche, Kommerz und Kultur. Hauptachse ist die mondäne Rua Garrett mit eleganten Textilgeschäften, Juwelieren und Buchhandlungen. Aber auch das Café Brasileira mit seinem bronzenen Stammgast Fernando Pessoa. Am unteren Ende die Rua do Carmo mit Lissabons historischen Kaufhäusern Grandella und Grandes Armazéns do Chiado, die beide am 1988 ein Raub der Flammen wurden und jetzt nach Plänen des Architekten Álvaro Siza Vieira wieder aufgebaut sind. Im Chiado-Viertel findet man aber auch Kulturstätten wie Lissabons einzige Oper, São Carlos (gleich neben dem Theater São Luiz) und das sehenswerte Museu do Chiado.

(A 2) Elevador de Santa Justa

Der 1899-1901 von Raúl Mesnier de Ponsard gebaute Aufzug verbindet die Baixa mit dem Bairro Alto. Der 45 m hohe Turm mit seiner eigenwilligen Stahlkonstruktion ist zu einem Ex-libris Lissabons geworden. Eine Fahrt in der schönen holzgetäfelten Kabine sollte man sich nicht entgehen lassen. Schön ist auch der Ausblick von dem kleinen Terrassencafé auf der obersten Plattform.
R. de Santa Justa
tgl. 7-22.45, So 9-22.45 Uhr

Metropolitano de Lisboa

Man nennt die Metro auch Lissabons „größtes, schönstes und billigstes Museum". Vor allem auf der zur Expo '98 fertiggestellten roten Linie nach Oriente lohnt es sich, Zwischenstopps zu machen und sich ihre sehr unterschiedliche, aber spannende Gestaltung anzuschauen. Andere sehenswerte Stationen sind: Parque, Marquês de Pombal, Picoas, Entrecampos, Laranjeiras u.a.

(c 2) Parque das Nações

In Lissabon hat man aus den Fehlern im andalusischen Sevilla gelernt und den ehemaligen Expo-Park konsequent einer weiteren Nutzung zugeführt. Das schön am Tejo gelegene Gelände lädt zu einem Ganztagsbesuch ein. Die Messegebäude der Feira Internacional de Lisboa, der Pavilhão Atlântico, das Museu da Ciência Viva, eine Sesselliftbahn, ein Bowling-Center, die Open-Air-Bühne der Praça Sony und vor allem das Ozeanarium stellen ein abwechslungsreiches Angebot für alle Generationen dar.

Blick auf Lissabons historische Burg, das Castelo São Jorge

(I/K 1/2) Parque Eduardo VII

Der Park schließt die Av. da Liberdade nach Norden ab und bietet einen schönen Blick über die Baixa und den Tejo. Er erhielt seinen Namen 1903 aufgrund des Staatsbesuchs des englischen Prinzen und späteren Königs Edward VII. Seit 1910 als Park genutzt, in seiner jetzigen Gestaltung nach Plänen des Architekten Keil do Amaral 1945-49. Eindrucksvoll ist der Sportpalast Carlos Lopes mit Fliesenbildern von Jorge Colaço am Ostrand und die Estufa Fria (Gewächshaus) auf der Nordseite. Auf der anderen Seite der Av. Cardeal Cerejeira findet der Park seine Fortsetzung in einer Gartenanlage, die der Fado-Sängerin Amália Rodrigues gewidmet ist.

(A 1/2) Rossio

Früher der zentrale Marktplatz Lissabons und noch heute das kräftig pulsierende Herz der Stadt mit seinen Kaffeehäusern, Geschäften, Hotels und Pensionen, dem neomanuelinischen Rossio-Bahnhof und dem Nationaltheater Dona Maria II. Nach den Renovierungsarbeiten 2001 konnte der Autoverkehr nicht ganz verbannt werden. Doch nun kann man die schönen Springbrunnen und das die Meereswellen darstellende Pflaster *(calçada)* wieder ohne Lebensgefahr bewundern.

(K 5) São Pedro de Alcântara

Die schöne Aussichtsterrasse *(miradouro)* erreicht man am einfachsten mit dem Elevador da Glória (von der Praça dos Restaudores neben dem Palácio Foz). Von hier oben hat man einen wunderbaren Blick in östliche Richtung auf die Stadtteile Santana und Alfama, das Castelo S. Jorge und die Sé. Eine Azulejo-Panoramatafel hilft bei der Orientierung.

(K 5) São Roque

Nicht weit davon am Largo Trindade Coelho liegt die Rochus-Kirche. Das unscheinbare Äußere kontrastiert mit der reichen Innenausstattung. Unter der flachen, in Trompe-l'œil-Technik bemalten Holzdecke befinden sich eine Hauptkapelle mit reich ausgestattetem Altarraum und acht Nebenkapellen, die alle unterschiedlich gestaltet und von hohem künstlerischen Niveau sind. Hauptattraktion ist die Kapelle Johannes des Täufers, die D. João V 1742-50 in Italien fertigen und in Einzelteilen nach Lissabon transportieren ließ. Der Prunk der verarbeiteten Materialien (Marmor und Halbedelsteine) ist überwältigend.

(D/E 1) São Vicente de Fora

Lissabons größte Kirche ist eng mit der Geschichte Portugals verbunden. Sie wurde außerhalb *(fora)* der arabischen Stadtmauer erbaut, dort wo die Truppen des ersten Königs, Afonso Henriques, 1147 lagerten, bevor sie die Stadt von den Arabern eroberten. Sie wurde dem Hl. Vinzenz, dem Missionar Portugals, geweiht. Die ihn begleitenden Raben sind Teil des Stadtwappens von Lissabon. In einem Nebenschiff das Grabmal des *soldado alemão*, Heinrich von Bonn, der wie andere ausländische Kreuzritter bei der Eroberung Lissabons sein Leben ließ. Versäumen sollte man nicht den angrenzenden Bischofspalast mit den Azulejo-Paneelen (Themen aus Lafontaines Fabeln) und der schaurig-schönen Gruft des Königshauses Bragança.

(C 3) Sé

Gleich nach der Befreiung Lissabons von den Arabern ließ König Afonso Henriques auf die zerstörte Moschee die Kirche Santa Maria Maior als Bischofssitz *(sé)* bauen, mit zwei stämmigen Wehrtürmen als Ausdruck christlichen Triumphs über die Ungläubigen. Der ursprünglich romanisch-gotische Charakter der Kathedrale wurde bei den Renovierungsarbeiten an den durch das Erdbeben von 1755 angerichteten Schäden stark beeinträchtigt.

(B 4) Terreiro do Paço (Praça do Comércio)

Seit König D. Manuel I. hier 1508 seinen Palast *(paço)* bauen ließ, ist dies die noch heute übliche Bezeichnung für die Praça do Comércio. Nach der Zerstörung durch das Erdbeben von 1755 schufen Eugénio dos Santos und Carlos Mardel die bestehende schöne Anlage mit hohen Arkaden und Triumphbogen, die sich zum Tejo öffnet und jahrzehntelang der „schönste Parkplatz der Welt" war. Wenn die im Juni 2000 durch Wassereinbruch bei Untertunnelungsarbeiten entstandenen technischen Probleme gelöst sind, gibt es einen direkten Zugang zum Fluss (Cais das Colunas).

Die Straßenbahn Nr. 28 führt direkt an der Kathedrale Sé vorbei

MUSEEN

(E 3) Casa do Fado e da Guitarra Portuguesa

In einem alten Wasserwerk in unmittelbarer Nähe der Fado-Lokale von Alfama wurde Ende 1998 ein Fado-Museum eingerichtet, in dem eine Reihe von Exponaten Platz gefunden hat, die 1994 (Lissabon Europäische Kulturhauptstadt) im staatl. Völkerkundemuseum zu sehen waren, darunter eine nachgestellte Fado-Kneipe. Viel Anschauungsmaterial für den Fado-Interessierten, darunter das berühmte Modell, das der bekannte Fadosänger Alfredo Marceneiro von der von ihm besungenen Casa da Mariquinhas, einem Bordell in Alfama, selbst angefertigt hat.

Largo do Chafariz de Dentro 1
Tel. 218 82 34 70
www. egeac.pt
tgl. 10-13 und 14-18 Uhr

(I 4) Casa-Museu Amália Rodrigues

In dem Haus, das die große Fado-Sängerin bis zu ihrem Tod (6.10.1999) bewohnte, können ihre Fans die von ihr aufgehäuften Schätze besichtigen: viel Nippes, Schmuck und eine üppige Garderobe. Im Hintergrund Fadomusik, natürlich von Amália.

R. de São Bento 193
Tel. 213 97 18 96
Di-So 10-13 und 14-18 Uhr

Kino

Da in Portugal fremdsprachige Filme nicht synchronisiert werden, hat man in Lissabon die Möglichkeit, ausländische Produktionen im Original zu sehen. Die großen Centros Comerciais verfügen über eine ganze Reihe kleinerer Kinosäle, in denen zumeist Hollywood-Streifen gezeigt werden. Europäische Produktionen kann man in den Programmkinos wie Nimas (Av. 5 de Outubro 42), Quarteto (R. Flores do Lima 16), Mundial (R. Martens Ferrão 12A) oder in der Cinemateca Portuguesa (R. Barata Salgueiro 39) sehen. Von den alten Kinopalästen der Innenstadt ist nicht viel übrig geblieben. Das Eden wurde in ein Hotel umgewandelt, das Condes in ein Hard Rock Café, das Tivoli in einen Konzert- und Theatersaal und das Monumental an der Praça Duque de Saldanha in einen modernen Kinopalast für den Massengeschmack. Vor dem Abriss bewahrt wurde jedoch das São Jorge (Av. da Liberdade 175). Vor gut 50 Jahren wurde dieser mit 1800 Plätzen damals größte und mit der ersten Klimaanlage Portugals modernste Kinopalast eingeweiht. Heute wird er von der Stadtverwaltung betreut und ist ein Anlaufpunkt für Kino-Nostalgiker. Selbst wenn man sich keinen der in den inzwischen entstandenen drei Sälen gezeigten Filme anschauen möchte. Schon der Besuch der großen Vorhalle mit dem kleinen Café im ersten Stock (13-2 Uhr) und ihren Exponaten zur Filmgeschichte lohnt sich.

MERIAN | TIPP

(c 2) Museu Nacional do Azulejo (Madre de Deus)

Im Osten der Stadt, mitten in einem schmuddeligen Hafenrandgebiet, liegt das ehemalige Klarissen-Konvent Madre de Deus (Mutter Gottes). Nach der Säkularisierung der Klöster (1834) wurde es in ein Asyl umgewandelt. Heute beherbergt es das nationale Fliesenmuseum, das sich nach jahrzehntelangen Renovierungsarbeiten in all seiner Schönheit präsentiert. Schon wegen der Klosteranlage mit Kreuzgang und der Antonius-Kapelle (prachtvolle Talha dourada, vergoldete Holzschnitzereien, und flämische Fliesenbilder) lohnt sich der Weg. Das eigentliche Museum beherbergt eine didaktisch klug aufgebaute Ausstellung, die den Besucher in die faszinierende Welt der Azulejos führt, von frühen polychromen Fliesen aus Andalusien und ihren unterschiedlichen Techniken (corda seca, aresta) bis hin zu modernen Siebdruckverfahren. Besonders interessante Exponate sind die manieristischen Paneele aus dem Herzogsplast in Vila Viçosa (1558), das Polyptychon Nossa Senhora da Vida und im zweiten Stock die Stadtansicht, die Lissabon vor dem Erdbeben von 1755 zeigt und mit 23 m Länge das längste Fliesenbild der Welt darstellt. Ein Raum ist wechselnden Ausstellungen von zeitgenössischen Fliesenkünstlern vorbehalten, die zeigen, wie lebendig diese alte Kunst ist.

Rua Madre de Deus
Tel. 218 149 534
Di, 14-18, Mi-So, 10-18 Uhr
Zu erreichen ab der Praça do Comércio mit dem Bus 104 (Richtung Chelas) und 105 (Richtung Encarnação)

(L 1) Casa-Museu Dr. Anastásio Gonçalves

Untergebracht in einem prachtvollen Jugendstilhaus, das dem Maler José Malhoa gehörte und dessen Nachlass hier untergebracht ist: die international bedeutendste Sammlung von chinesischem Porzellan der Ming-Dynastie (16.-17. Jh.), dazu Gemälde und Aquarelle bedeutender portugiesischer Maler des 19. und 20 Jhs.

Av. 5 de Outubro 6-8
Tel. 21 35 408 23
www.camg-ipmuseus.pt
Di 14-18, Mi-So 10-18 Uhr

(I 3) Fundação Arpad Szenes/Vieira da Silva

Über 80 Bilder von Portugals bedeutendster Malerin des 20. Jhs. und ihres ungarischen Ehemannes sind in der ehemaligen Seidenfabrik pombalinischer Gründung im Jardim das Amoreiras untergebracht. Das Künstlerpaar lebte im Exil in Paris und in Rio de Janeiro.

Jardim das Amoreiras 56-58
Tel. 213 88 00 44/-53
www.fasvs.pt
Mo, Mi-Sa 12-20, So 10-18 Uhr

(L 1) Museu da Cidade

Schon der wunderschöne Palácio Pimenta (18. Jh.) lohnt einen Besuch. Die Ausstellung ist historisch aufgebaut, von frühzeitlichen Funden bis zu Exponaten aus der Zeit der Ersten Republik (1910). Sehr gut dokumentiert sind das Aquädukt und das Erdbeben von 1755.

Campo Grande 245
Tel. 217 51 32 00
Di-So 10-13 und 14-18 Uhr

(K 6) Museu da Farmácia

Das mehrfach preisgekrönte Museum (1998: bestes Museum Portugals), liegt auf dem Hügel Alto Santa Catarina. Es enthält eine aufwendig montierte Ausstellung von kostbaren Exponaten aus 5000 Jahren Medizin und Pharmakologie, darunter drei historische Apotheken im Original (eine davon aus Macau).

R. Marechal Saldanha 1
Tel. 213 40 06 80
Mo-Sa 10-18, letzter So im Monat 14-18 Uhr

(H 6) Museu da Marioneta

Das im Convento das Bernardas (Madragoa) untergebrachte Marionetten-Museum bietet eine Fülle von Exponaten aus der bunten Welt des Marionettentheaters. Auch für Kinder ein interessantes Museum.

R. da Esperança 146
Tel. 213 94 28 10
Mi-So 10-13 und 14-18 Uhr

(I/K 1) Museu da Música

Das wohl am originellsten untergebrachte Lissabonner Museum: Auf zwei Etagen der neuen Metro-Station Alto dos Moinhos sind über 130 wertvolle Instrumente (16.-20. Jh.) ausgestellt, darunter ein Cello des italienischen Geigenbauers Antonio Stradivari.

Av. 5 de Outubro 6-8
Tel. 217 71 09 98
Di-Sa 10-18 Uhr

(I/K 1) Museu da República e Resistência

Das Museum befindet sich in einem alten Palast in Benfica, in Lissabons wohl besterhaltener Arbeitersiedlung Vila Grandella und zeigt Dokumente zu Portugals neuerer Geschichte (Salazar-Regime, 25 de Abril).

Estrada de Benfica 419
Tel. 217 71 23 10
Mo-Fr 10-18 Uhr

(I/K 1) Museu de Calouste Gulbenkian und Centro de Arte Moderna

Der armenische Ölmagnat Calouste Sarkis Gulbenkian, auch „Mister Five Percent“ genannt, war einer der reichsten Männer seiner Zeit und großer Kunstsammler. Bei seinem Tode (1955) vermachte er seinen gesamten Besitz dem portugiesischen Staat. Dieses in einer Stiftung angesammelte Vermögen bildet die Grundlage für das Gulbenkian-Museum. Es ist eine Privatsammlung im besten Sinne. Präsentiert wird keine die Vollständigkeit anstrebende Gesamtschau, sondern ausgestellt sind erlesene Einzelstücke über die Grenzen der Jahrhunderte und Kontinente hinweg. Ein Saal fällt durch die Schönheit seiner Exponate besonders auf: die Nr. 17, wo die weltweit größte Sammlung von Kunstwerken des französischen Goldschmieds, Juweliers und Glaskünstlers René Lalique (1860-1945) vereint ist. Wechselnde Ausstellungen gibt es in den Vorräumen und im Souterrain des Hauptgebäudes sowie in dem 1983 auf demselben Gelände eröffneten Centro de Arte Moderna. Im Hauptgebäude befinden sich Konferenzsäle, eine Bibliothek und das große Auditorium für Konzerte und Ballett.

Beliebte Pracht: Das Kutschenmuseum in Belém ist das meistbesuchte Museum Portugals

Av. de Berna 45
Tel. 217 82 30 00
www.museu.gulbenkian.pt
Di-So 10-18 Uhr (für Studenten, Lehrer und Rentner frei, am So für alle Besucher)

(D 2) Museu de Artes Decorativas

Am Rande von Alfama hat der Lissabonner Bankier und Förderer des kunsthandwerklichen Erbes, Ricardo Espírito Santo Silva, den Palácio Azurara (17. Jh.) wieder herrichten lassen und mit erlesenem Geschirr, Textilien und Mobiliar des 17. und 18. Jhs. ausgestattet.

Largo das Portas do Sol 2
Tel. 218 81 46 00, www.fress.pt
Di-So 10-17 Uhr

(b 2) **Museu de Marinha**
Im Westflügel des Jerónimos-Kloster ist das Marine-Museum untergebracht mit einer reich bestückten Ausstellung zur Geschichte der portugiesischen Seefahrer und Entdecker. Auf dem Weg zur Nebenhalle sind eine Reihe historischer Bootstypen im Original zu sehen. In der Halle selbst nimmt die königliche Luxusbrigantine aus dem Jahre 1780 den meisten Raum ein. Hier steht auch die Santa Cruz, das Original des Wasserflugzeugs, mit dem Sacadura Cabral und Gago Coutinho 1922 als Erste den Atlantik überquerten.
Praça do Império
Tel. 213 62 00 10
www.museumarinha.pt
Di-So 10-17 Uhr
(Juni-Sept. bis 18 Uhr)

(L 6) **Museu do Chiado**
Ehemaliges „Museum der zeitgenössischen Kunst" (seit 1911). Im Gebäude eines 1834 aufgelösten Franziskanerklosters, dann Keksfabrik (die Backöfen sind noch zu sehen). Die ständige Ausstellung zeigt überwiegend portugiesische Kunst von 1850-1950, darunter Gemälde von Columbano Bordalo Pinheiro, José Malhoa, Almada Negreiros. Besonders effektvoll wirken in den hohen Räumen die Plastiken von Rodin, Maia und anderen Künstlern.
R. Serpa Pinto 4
Tel. 213 43 21 48
www.museudochiado-ipmuseus.pt
Di 14-18, Mi-So 10-18 Uhr

(N/O 6) **Museu Militar**
Nicht nur für den an Waffen und Schlachtszenen Interessierten eindrucksvoll. Gezeigt werden auch Gemälde und Skulpturen bekannter portugiesischer Künstler. Die ausgestellten Utensilien gehen bis in die neuere Zeit (Kolonialkriege). Das Museum liegt dem Apolónia-Bahnhof gegenüber.
Largo do Museu de Artilharia
Tel. 218 84 25 69
Di-So 10-17 Uhr

(G 6/7) **Museu Nacional de Arte Antiga**
Portugals reichste Kunstsammlung mit europäischer Malerei des 14.-17. Jhs., darunter berühmte Werke von Dürer, Bosch, Breughel, Lucas Cranach d.Ä. Hauptattraktion ist das um 1460 entstandene Polyptychon, das den portugiesischen Hofstaat zeigt, u.a. Heinrich den Seefahrer. Diese Zuweisung ist allerdings durch neueste Forschungsergebnisse in Frage gestellt.
R. das Janelas Verdes
Tel. 213 91 28 00
www.mnarteantiga-ipmuseus.pt
Di 14-18, Mi-So 10-18 Uhr

(b 2) **Museu Nacional dos Coches (Kutschenmuseum)**
Portugals meistbesuchtes Museum. 54 prachtvolle Kutschen aus dem 16.-19. Jh. spiegeln den Glanz früherer Zeiten. Das Museum wurde 1904 von Königin Amélia in der früheren Reithalle des Königsschlosses von Belém, jetzt Sitz des Präsidenten, eingerichtet.
Praça Afonso de Albuquerque
Tel. 213 61 08 50
www.museudoscoches-ipmuseus.pt, *Di-So 10-18 Uhr*

Metrostationen erfreuen mit künstlerischer Gestaltung

MUSEEN

Lissabons Oasen

Viele Museen bieten dem ermüdeten Besucher schöne Plätze zum Ausruhen

Die Architekten des Gulbenkian-Museums, Ribeiro Telles und António Barreto, waren die Pioniere. Das in den sechziger Jahren von ihnen erbaute Museum liegt in einer Grünanlage, die in ihrer gartenarchitektonischen Gestaltung Maßstäbe gesetzt hat.
Inzwischen haben auch die älteren Museen nachgezogen. Selbst wenn sie nicht über Flächen vom selben Ausmaß verfügen, haben sie grüne Ecken geschaffen, in denen der ermüdete Museumsbesucher sich entspannen kann.

Der Garten des Jerónimos-Klosters lädt zur kleinen Pause ein

Die Oasen Lissabons nennt man diese Museen mittlerweile. Häufig haben sie ein kleines Restaurant oder zumindest Café, die zum Verweilen einladen. Besonders schön ist die Esplanade vor dem Museu de Arte Antiga mit einem traumhaften Blick auf den Tejo, ähnlich wie die Olivenbaum-Terrasse des Centro Cultural de Belém. Im Museu do Chiado hat man aus der Platznot eine Tugend gemacht und im obersten Stock eine schmale Café-Terrasse mit ein wenig Rasen und ein paar Palmen eingerichtet, aber durch einige dekorativ platzierte Skulpturen für ein sympathisches Ambiente gesorgt.
Auch im Patio des Fliesenmuseums Madre de Deus sorgen Palmen für das Grün, während man vor dem Museum des Bischofspalastes (neben der Kirche São Vicente de Fora) es sich in einem freundlichen Innenhof mit Pergola gut gehen lassen kann. Die schönste und größte Oase haben sich zwei Museen ausgesucht, die im Stadtteil Lumiar untergebracht sind: das Trachtenmuseum (Museu do Traje) und das Museu do Teatro. Es ist der 11 Hektar große Parque do Monteiro-Mor mit seinen würzig duftenden Buchsbaumhecken und der ersten in Europa gepflanzten Araukarie. Der weite Weg dahin lohnt sich, zumal das kleine Café-Restaurant im ehemaligen Gewächshaus leckere Angebote hat.

MERIAN | TIPP

(b 2) **Mercado do Peixe**
Der Pilgerpfad der Freunde frischen Fisches führt steil nach oben, zum Mercado do Peixe (Fischmarkt) im Stadtteil Ajuda hoch über Belém. Der Name hält, was er verspricht. In einer riesigen Halle geht man an einem Marmortresen entlang, auf dem das Angebot des Tages ausgebreitet liegt. Wie wär's mit einem *robalo* (Seebarsch) oder einem *sargo* (Geißbrasse) oder einem schönen Stück *cherne* (Wrackbarsch)? Der vom Kunden ausgesuchte Fisch wird ausgewogen, und man darf sich an dem zugewiesenen Tisch niederlassen. Rundum vergnügen sich bereits die Connaisseure maritimer Kost, einige mit umgebundener Schürze (für die komplizierten Fälle wie Krustentiere). Die Wartezeit, während der eigene Fisch auf dem Grill liegt, wird durch leckere Vorspeisen verkürzt. Zum Nachtisch sollte man unbedingt die noch ofenwarmen *pastéis de nata* (Cremeküchlein) probieren. Bei der Rechnung (*a conta*, manche Portugiesen nennen sie auch *a dolorosa*, die Schmerzhafte) kann es leicht eine böse Überraschung geben. Daher beim Auswiegen gut mitrechnen, damit die *dolorosa* nicht allzu schmerzhaft ausfällt.
Estrada Pedro Teixeira
Caramão da Ajuda
Tel. 213 61 60 70
Mo-Sa 12-16 und 19.30-24
So 12-16 Uhr

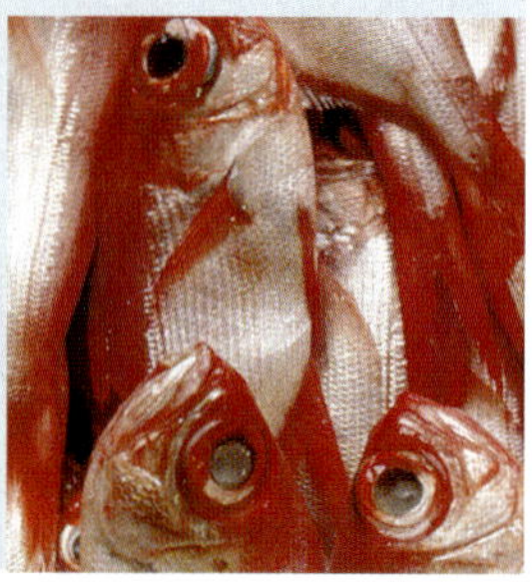

Essen im Schatten der Entdecker: der T-Clube, Restaurant-Disco in Belém

EDELRESTAURANTS

(D/E 6) **Alcântara Café**
Trendsetter und allseits vergötterte Kultstätte der neuen Ess- und Vergnügungsmeile entlang des Tejo. Mitte der achtziger Jahre in einer ehemaligen Lagerhalle eingerichtet, wobei die alte Bausubstanz postmodern einbezogen wurde. Ausgezeichnete Küche.
R. Maria Luísa Holstein 15
Tel. 213 63 71 76
tgl. 20-1 Uhr €€€

(b 2) **T-Clube**
Hier trifft sich Lissabons Jet-Set. Das Essen ist guter Durchschnitt, die Preise aber sind gepfeffert. Dennoch: Der tolle Blick von der Terrasse auf den Tejo und das Denkmal der Entdecker lohnen diesen Restaurantbesuch.
Av. Brasília, Edifício Espelho d'Água, Belém
Tel. 213 01 66 54
Mo-Fr. 13-15 Uhr und 19.30-23 Uhr, Sa 19.30 - open end (Disco) €€€

(I 3) **Casa da Comida**
Hinter dem bescheidenen Namen („Haus des Essens") verbirgt sich ein Restaurant der feineren Art, das von Lissabonnern geschätzt wird wegen seiner ausgezeichneten Küche (portugiesisch und französisch) und des feinen Ambientes.
Travessa das Amoreiras 1
Tel. 213 88 53 76, *Di-Fr 13-15 und 20-23, Mo, Sa 20-23 Uhr*

(C 1/2) **Casa do Leão**
Das „Löwenhaus" ist ein stilvolles Restaurant in den Mauern des Castelo S. Jorge. Abendessen (vorbestellen!) bei Kerzenschein und dezenter Pianomusik (nur Di-Do). Mittags sollte man auf der Veranda speisen (fantastischer Blick).
Castelo S. Jorge
Tel. 218 87 59 62 *tgl. 12.30-15 und 20-23 Uhr* €€€

(I/K 5) **Consenso**
In der Nähe der Praça do Príncipe Real befindet sich der alte Stadtpalast, in dem der Marquês de Pombal geboren wurde. Die vier Speisesäle sind im Stil der Elemente Wasser, Erde, Luft, Feuer dekoriert.
R. Academia das Ciências 1-A
Tel. 213 46 86 11
Di-Do 19.30-23.30, Fr-Sa 19.30-0.30 Uhr €€

(I 5) **Conventual**
Heiligenstatuen und fensterlose Räumlichkeiten sorgen für ein klösterliches Ambiente. Das Restaurant wurde 1981 von Leopoldina Marques gegründet und darf sich seit 2002 mit der „Goldenen Gabel" der von der Wochenzeitung *Expresso* gewählten 25 besten Restaurants Portugals schmücken. Spezialitätentipp: *lombo de linguado com molho de marisco* (Seezungenfilet mit Meeresfrüchtesoße).
Pr. das Flores 45
Tel. 213 90 91 96
Di-Fr 12.30-15.30 und 19.30-23, Mo, Sa 19.30-23 Uhr €€

(b 2) **Estufa Real**
Bei einem Abstecher nach Belém und Ajuda sollte man sich ein gepflegtes Mittagessen im „Königlichen Gewächshaus" leisten. Zauberhaft im botanischen Garten von Ajuda gelegen. Exquisite mediterrane Küche.
Calçada do Galvão
Tel. 213 61 90 18
Mo-Fr 12-15 Uhr €€€

(A 1) **Gambrinus**
An der allmählich zur Touristenfalle verkommenden Lissabonner „Fressmeile" der Rua das Portas de Santo Antão hält sich das Gambrinus nach wie vor als Hochburg der guten Küche, vor allem wenn es um frischen Fisch und sonstiges Meeresgetier geht. Ausgezeichneter Service.
R. das Portas de Santo Antão 23-25, Tel. 213 42 14 66
tgl. 12-1.30 Uhr €€€

(K 3) **Pabe**
Der Name ist reines Understatement. Es handelt sich keineswegs um einen Pub, sondern um eines der elegantesten Lissabonner Restaurants mit hervorragendem Service, angenehmer Sitzordnung, einer kompletten Weinkarte und Speisen, die den Feinschmecker mehr als zufrieden stellen.
R. Duque de Palmela 27-A
Tel. 213 53 56 75
tgl. 12-24 Uhr €€€

(K 5/6) **Pap'Açorda**
Gilt als das beste Restaurant im Bairro Alto und hat sich seit seiner Gründung vor 25 Jahren zu einem Kulttempel der guten Küche entwickelt (Tisch vorbestellen). Trotz räumlicher Enge stellt sich aufgrund des moderngeschmackvollen Interieurs und der aufmerksamen Bedienung sehr schnell Wohlbefinden ein. Spezialität des Hauses: die *açorda*, ursprünglich ein Arme-Leute-Essen auf der Basis eines Brotbreis, der jedoch auf raffinierte Weise angereichert wird, z. B. mit *gambas* (Scampi). Absolut unwiderstehlich die Nachspeisen, wie der *morgado* („Gutsherr"), der *papo-do-anjo* („Engelsmagen") oder die *barriga de freira* („Nonnenbauch").
R. da Atalaia 57-59
Tel. 213 46 48 11
Di-Sa 12.30-14.30 und 20-23.30 Uhr €€€

(K 6) **Tavares Rico**
Lissabons ältestes (gegr. 1784) und wohl elegantestes Restaurant. Die Qualität der Gerichte fällt etwas ab gegenüber dem vornehmen Ambiente und den für sie verlangten Preisen. Dafür gibt es im ersten Stock das *tavares pobre*, die Billigausgabe als Self-Service.
R. da Misericórdia 35-39
Tel. 213 42 11 12
Mo-Fr 1-14.30 und 19.30-23, So 19.30-23 Uhr €€€

(K 3/4) **Tivoli**
Hier oben im 6. Stock des Hotel Tivoli stimmt alles: der atemberaubende Panoramablick, das gepflegte Ambiente, die aufmerksame Bedienung und die ausgezeichnete Küche zu erschwinglichen Preisen. Spezialität: Lammrücken *(sela de borrego)*.
Av. da Liberdade 185
Tel. 213 19 89 00, *tgl. 12.30-15 und 19.30-23 Uhr* €€€

RESTAURANTS DER MITTELKLASSE

(c 2) **Adega da Tia Matilde**
Hier wird die traditionelle portugiesische Küche gepflegt, wobei besonders die *pataniscas de bacalhau* (in Eiern gewälzte und gebratene Stockfischhappen), die *caldeirada de Peixe à tia Matilde* (Fischsuppe nach Art von Tante Matilde) und *cabrito assado* (Geschmortes Zicklein) zu empfehlen sind.
R. da Beneficência 77
Tel. 217 97 21 72
Mo-Fr 12-16 und 19.30-24, Sa 12-16 Uhr €€

(K 5) **Antiga Casa Faz Frio**
Uriges kleines Restaurant mit Séparées. Mit seinen Schwingtüren macht es im Winter seinem Namen („Es ist kalt") alle Ehre. Spezialität: *arroz malandro* (Risotto).
R. D. Pedro V, 96-98
Tel. 213 46 18 60 *Mo-Sa 12-15 und 19-22.30 Uhr* €€

Elegant gespeist wird im Tavares Rico schon seit 1784

(H 6) **A Travessa**
Das Wirtspaar, Sr. António und Mme Vivienne, sorgen für eine freundliche Atmosphäre. Die Küche ist portugiesisch, aber Vivienne zuliebe gibt es jeden Donnerstag *moules* (Miesmuscheln) auf belgische Art.
Travessa do Convento das Bernardas 12
Tel. 213 94 08 00
Mo-Fr 12.30-15 und 18-24, Sa 18-24 Uhr €€

(K 5) **Bota Alta**
Der „Hohe Stiefel" war eins der ersten Trend-Restaurants im Bairro Alto. Heute ist es eine Institution und sehr überlaufen. Die Bedienung ist entsprechend lässig. Trotzdem: Man muss einmal drin gewesen sein.
Travessa da Queimada 37
Tel. 213 42 79 59
Mo-Fr 12-14.30 und 19-22.30 Sa 19-22.30 Uhr €€

(b 2) **Caseiro**
Eine der besten Adressen im Sadtteil Belém ist das Caseiro. Hier drängt sich, was Rang und Namen hat. Wer nicht reserviert, muss sich gedulden. Eng, aber gemütlich.
R. de Belém 35
Tel. 213 62 38 03, *Mo-Sa 12-16 und 19-22 Uhr* €€

(G 4) **Coelho da Rocha**
Eines der renommiertesten Lokale Lissabons. Hier verkehren Politiker und Künstler. Berühmt ist die *empada de perdiz* (Rebhuhnpastete). Aber auch der *pargo assado* (gebratene Meerbrasse) ist nicht zu verachten, ganz zu schweigen von den deliziösen Nachspeisen (z. B. *encharcada de ovos*).
R. Coelho da Rocha 104-A
Tel. 213 90 08 31, *Mo-Sa 12.30-16 und 19.30-23 Uhr* €€

(K 6) **1° de Maio**
Eines der vielen kleinen Restaurants im Bairro Alto mit Kneipencharakter. Gute bodenständige Küche mit einem preiswerten, sauberen *vinho da casa*, im Tonkrug *(jarro)* serviert. Besonders in den Sommermonaten großer Andrang des meist jungen Publikums.
R. da Atalaia 8, Tel. 213 42 68 40
Mo-Fr 12-15 und 19-22.30, Sa 12-15 Uhr €€

(D 3) **Esquina de Alfama**
Kleines schlicht möbliertes Restaurant mit offener Küche. Überwiegend Publikum aus der Nachbarschaft (gutes Zeichen!). Liebevoll zubereitet die traditionellen Gerichte wie *jaquizinhos* (kl. Carapaus, d. h. Stöcker, ein magerer, sprottenähnlicher Fisch).
R. de S. Pedro 4
Tel. 218 87 05 90, *Mo-Sa 12-15 und 19-23 Uhr* €

Bacalhau

Sie nennen ihn *fiel amigo*, treuer Freund, den *bacalhau*, zu deutsch Kabeljau. Auf der Speisekarte findet er sich als „Stockfisch" übersetzt. Das ist die getrocknete und gesalzene Version. Der Kabeljaufang führte portugiesische Fischer schon vor Kolumbus bis an die nordamerikanische Küste. Und mit ihnen die portugiesischen Entdecker: João Lavrador (nach dem die Insel Labrador benannt ist), Vater und Söhne Vaz Corte Real, von deren Präsenz Dighton Rock (bei Boston) noch heute zeugt. Auf alten portugiesischen Karten trug Neufundland den Namen *terra do bacalhau* (Land des Kabeljaus). Vor der Zubereitung des jeweiligen Gerichts wird der *bacalhau* zwei Tage und Nächte gewässert, es sei denn man isst ihn roh, in dünne Streifen geschnitten, zum Bierchen, wie man es noch in manchen Kneipen erleben kann. Das wohl gängigste Rezept ist *bacalhau à bras:* der gut gewässerte Stockfisch wird in kleine Teilchen zerzupft, die mit fein geschnittenen Pommes frites *(batatas fritas)* und rohen Eiern verrührt, gebraten werden. Auf keinen Fall sollte der Stockfisch-Novize mit einem anderen sehr beliebten Rezept einsteigen: Beim *bacalhau cozido com tudo* (gekochter Stockfisch mit verschiedenen Beilagen) sticht der typische, leicht muffig-fischige Geruch zu sehr in die empfindliche mitteleuropäische Nase.
Die Portugiesen hatten mehr als ein halbes Jahrtausend Zeit, sich an diesen haut goût zu gewöhnen, und viele von ihnen sind inzwischen förmlich süchtig danach. Es soll so viele Rezepte geben wie das Jahr Tage hat, Bacalhau-Clubs widmen sich dem Studium (und dem Verzehr!) des treuen Freundes, und es gibt sogar eine Academia do Bacalhau, die kluge Bücher zu dem Thema veröffentlicht.

>> Die Planquadrate mit kleinen Lettern (b 2) beziehen auf die Umgebungskarte Seite 135

KAFFEEHÄUSER

Uma bica, se faz favor

Lissabon ohne Kaffeehäuser? Unvorstellbar! Probieren Sie doch einmal garoto, galão & Co

Die Bronzestatue des Dichters Fernando Pessoa vor „A Brasileira"

Die rund 1600 **Lissabonner Cafés** und Konditoreien *(pastelarias)* dürften einsamen Weltrekord darstellen. Schon morgens vor der Arbeit nimmt der Lissabonner schnell einen Espresso *(bica)* am Tresen *(balcão)*. Tagsüber treffen sich hier Geschäftsfreunde, Hausfrauen und Studenten.

Der portugiesische Kaffee ist stärker gebrannt als der deutsche. Deswegen ist die *bica* für unsere Gaumen zuerst gewöhnungsbedürftig. Vor allem in ihrer „verschärften" Form als *italiana*. Zum Einstieg empfiehlt sich die **carioca** (hat mehr Wasser), die **bica cheia** (etwas größer und weniger stark), ein **café pingado** (mit einem Tropfen Milch) oder ein **garoto** (mit Milch). Nach dem Essen oder an nasskalten Tagen tut eine **bica com cheirinho** gut (mit einem Schuss *bagaço*, Tresterschnaps). Deutschen Trinkgewohnheiten kommt die *meia de leite* (eine große Tasse Milchkaffee) entgegen. Oder ein **galão**, das Kultgetränk der portugiesischen Diaspora. Das ist ein 0,2 l-Glas mit geschäumtem Milchkaffee. Wer ihn gerne etwas dunkler mag, verlangt einen *galão escuro*.

Zu dem Kaffee nimmt der Lissabonner gern ein süßes Stückchen – Cremepastetchen *(pastel de nata)*, Mandelrolle *(torta de amêndoa)*, Nusskuchen *(bolo de noz)*. Oder ein herzhaftes Teil *(salgado)*: *pastel de bacalhau* (Stockfischpastetchen) oder *rissol* (Cremetäschchen mit Krabben). Die Preise richten sich nach dem Weg, den die Bedienung zurücklegen muss. Am billigsten ist es am Tresen, weswegen dieser auch immer umlagert ist.

Von den historischen Cafés, Treffpunkt der Dichter und Republikaner, haben sich mit dem „Brasileira" am Chiado, dem „Nicola" am Rossio, dem „Suiça" zwischen Rossio und Praça da Figueira, der „Confeitaria Nacional" an der Praça da Figueira und dem „São Martinho da Arcada" an der Praça do Comércio fünf wichtige Vertreter über die Jahrhundertwende gerettet.

(L 6) **A Brasileira,** R. Garrett 120, Tel. 213469541
tgl. 8-2 Uhr
(A 1/2) **Nicola,** Praça Dom Pedro IV (Rossio) und Rua 1º de Dezembro 20, Tel. 213460579
Mo-Fr 8-22, Sa 9-22, So 10-19 Uhr
(A 1/2) **A Suiça,** Praça Dom Pedro IV (Rossio)
Tel. 213214090, *tgl. 7-19 Uhr*
(B 4) **Martinho da Arcada,** Praça do Comércio 3
Tel. 218879259, *Mo-Sa 8-23 Uhr*
(A 2) **Confeitaria Nacional,** Praça da Figueira 18-B/C
Tel. 213424470, *Mo-Sa, 8-20 Uhr*

(O 6) **Faz Figura**
Eingeführtes Restaurant oberhalb des Apolónia-Bahnhofes. Die Terrasse, die inzwischen winterfest gemacht wurde, bietet einen großartigen Blick auf den Tejo. Traditionelle Küche der gehobenen Art.
R. do Paraíso 15
Tel. 218868981
Mo-Fr 12.30-15 und 20-22.30, Sa 20-22.30 Uhr €€

(D 2) **Lautasco**
Typisches Alfama-Lokal mit hübschem Patio, wo man es sich in lauen Sommernächten bei frisch gegrilltem Fisch oder Fleisch und einem kühlen Vinho Verde so richtig gut gehen lassen kann.
Beco do Azinhal 7
Tel. 218860173
Mo-Sa 12-15 und 19-22.30 Uhr €

(B 4) **Martinho da Arcada**
Gilt noch immer als Kaffeehaus, obwohl der hintere große Raum zu einem gepflegten Restaurant umgestaltet wurde. An den Wänden Reminiszenzen an den berühmtesten Gast, Fernando Pessoa. Man kann sein Essen auch auf der Terrasse unter den Arkaden der Praça do Comércio einnehmen.
Pr. do Comércio 3
Tel. 218879259
Mo-Sa 12-23 Uhr €€

Die Cervejaria da Trinidade befindet sich in einem ehemaligen Kloster

(D 2) **Mestre André**
Hübsches Ambiente (blassblaue Decke mit goldenen Sternen) und angenehme Atmosphäre. Bei schönem Wetter sollte man sich an einen Tisch vor dem Lokal setzen und das Treiben in Alfama beobachten.
Calçadinha de Santo Estêvão
Tel. 218871487
Mo-Sa 12-15 und 19-24 Uhr €

(H 5) **O Acontecimento**
Restaurant im Clube dos Jornalistas, liebevoll renoviert und mit Azulejos ausgekleidet. Sie können zwischen einem guten Dutzend raffinierter Vorspeisen und Fisch- oder Fleischgerichten wählen. Zu empfehlen ist die entbeinte Hammelkeule mit Kürbispüree.
R. das Trinas 129
Tel. 213977138, *Mo-Sa 12.30-15 und 20-23 Uhr* €

(K 5/6) **O Cantinho das Gáveas**
Gepflegtes kleines Restaurant mit freundlicher Bedienung. Empfehlenswert: die Fischgerichte und der Hauswein. Ab 20 Uhr Warteschlangen.
R. das Gáveas 82-84
Tel. 213426460
Mo-Sa 12-14.30 und 19-23.30 Uhr €

(b 2) **O Galvão**
Wem beim Aufstieg zur Estufa Real die Puste ausgeht oder wer sein Portemonnaie ein wenig schonen möchte, sollte auf halbem Weg im O Galvão einkehren. In dieser *tasca* (Kneipenlokal) kann man ausgezeichnet portugiesisch essen, Fisch oder Fleisch vom Holzkohlengrill oder Spezialitäten aus dem Topf, z. B. *arroz de tamboril* (Seeteufelreis).
Calçado do Galvão 91B
Tel. 213631031 *Mo-Sa 12-15 und 19-21.50 Uhr* €€

(E 6) **O Painel de Alcântara**
Einfaches, aber sehr professionell geführtes Restaurant am

Tejo-Ufer und mit ausgezeichneter Küche und guter Weinkarte.
R. do Arco 7-9, Tel. 213 96 59 20
Mo-Sa 12.30-15.30 und 19.30-24 Uhr €€

(c 2) **O Polícia**
Traditionsreiches Restaurant, seit 1900 im Besitz der Familie Miranda, und neben dem Gulbenkian-Museum gelegen. Helles gepflegtes Interieur und freundliche Bedienung. Große Auswahl an frischem Fisch, den der Gast sich am Kühltresen aussucht.
Av. Conde Valbom 125
Tel. 217 96 35 05 *So-Fr 12-15 und 19-22 Uhr* €€

(I 5) **Pão de Canela**
Sympathisches, eher alternativ wirkendes Lokal in schönster Lage. Funktioniert tagsüber als Pastelaria mit leckeren hausgemachten Kuchen und einigen wenigen Tagesgerichten.
Pr. das Flores 27-28
Tel. 213 97 22 20
Mo-Sa 7-23 Uhr €

(D 2) **Pátio 13**
Typisches Alfama-Restaurant, wo der Wirt im Freien die Sardinen und Paprika grillt. Der mit Papiergirlanden geschmückte Innenhof vermittelt das Gefühl, als ob hier ständig S. António gefeiert wird.
Calçadinha de Santo Estêvão 13
Tel. 218 88 23 25
So-Fr 12-15 und 19-24 Uhr €

(I 4/5) **Porco Preto**
Der Newcomer in der gastronomischen Szene an der Praça das Flores. Hat bereits einen sehr guten Ruf, der sich besonders auf das hier servierte Fleisch des „Schwarzen Schweines" gründet, d. h. die freilaufenden Schweine des Alentejo, die sich von Eicheln ernähren.
R. Marcos Portugal 5
Tel. 213 96 48 95
Mo-Fr 12.30-15 und 20-24, Sa 20-24 Uhr €€

(b/c 1) **Retiro da Matilde**
Aus einem ehemaligen Lebensmittelgeschäft entstand dieses einfache, aber saubere Restaurant mit einer ausgezeichneten Küche. Leckere *acepipes*, Appetitanreger: hauseigenes Brot, selbst eingelegte Oliven, *salada de polvo* (Krakensalat), *salada de ovas* (Salat von Fischrogen), geräucherter Schinken, div. Wurstsorten, *quejinhos* (kleine Käse) aus Azeitão. Doch halten Sie sich zurück, sonst bleibt kein Platz für das Hauptgericht: ein *bacalhau à tia Matilde* (Stockfisch nach Art von Tante Matilde), *arroz de polvo com camerão* (Krakenreis mit Krabben) oder *choquinhos fritos à algarvia* (kleine Sepien gebraten auf Algarve-Art).
R. do Lumiar 18-20
Tel. 217 59 02 87
Di-Sa 12-16 und 17-24, So 12-16 Uhr €€

(K 5/6) **Sinal Vermelho**
Die „Rote Ampel" hat sich innerhalb weniger Jahre zu einem der beliebtesten Restaurants des Bairro Alto entwickelt. Jeden Abend bilden sich lange Schlangen überwiegend einheimischer Gäste. Es ist ratsam, früh zu erscheinen oder zu reservieren. Heller freundlicher Raum mit gefliesten Wänden. Allerdings enge Sitzordnung. Spezialität des Hauses: garantiert frischer Fisch.
R. das Gáveas 89
Tel. 213 46 12 52
Fr-Mi 12.30-14.30 und 19.30-23.30 Uhr €€

(G 4) **Tasquinha d'Adelaide**
In einer kleine Seitenstaße in Campo d'Ourique gegenüber dem Eingang zum deutschen evangelischen Friedhof betreibt die Malerin Maria Adelaide Miranda ihr hübsches Lokal (24 Plätze). Portugiesische Küche mit ausgezeichnetem Ruf. Tipp: *paletilha de borrego* (Lammschulter) und *polvo a lagareiro* (Tintenfisch in Öl geschmort).
R. do Patrocínio 70-74
Tel. 213 96 22 39, *Mo-Sa 12.30-15.30 und 20.30-23 Uhr* €€

(b 2) **Varandazul**
Eine Location der besonderen Art: das kleine Restaurant ist unterhalb der Tribüne des Belenenses-Stadions untergebracht. Hier am Hang von Restelo hat man einen wunderbaren Blick auf das direkt darunter liegende Jerónimos-Kloster und den Tejo. Die Küche bietet traditionelle Küche von ausgezeichneter Qualität. Aufmerksame Bedienung, rechtzeitig vorbestellen.
Estádio do Restelo, Av. Do Restelo
Tel. 213 01 20 06
tgl. 12.30-15 und 19.30-22 Uhr €€

SPEZIALITÄTEN-RESTAURANTS

(A 1) **Casa do Alentejo**
Spätestens seit Antonio Tabucchis „Lissabonner Requiem" ist die Casa do Alentejo ein Muss für Lissabon-Besucher. Stadtpalast aus dem 17. Jh. mit düsterem neomaurischem Interieur und schönen Fliesenbildern von Jorge Colaço. Die Küche

MERIAN | TIPP

(B/C 2) **Chapitô**
Die Schweizer Zirkusartistin Teresa Picou, genannt Têtê, begann 1980 mit den Straßenkindern des Bairro Alto zu arbeiten. Als sie im Jahr darauf nach Alfama weiterzog und mit ein paar Freunden das Projekt Chapitô startete, konnte noch niemand ahnen, dass sich daraus einmal eine der lebendigsten Kulturszenen Lissabons entwickeln würde. Die zirzensischen Künste bilden weiterhin die Basis für die Arbeit mit Jugendlichen und ihre soziale und berufliche Integration. Inzwischen stehen sogar Tourneen ins Ausland auf dem Programm. In dem mehrstöckigen Gebäude, das malerisch an den Hängen von Alfama klebt, spielt sich tagsüber reges pädagogisches Treiben ab. Für das große Publikum kommt abends eine Kleinkunstbühne mit off-Produktionen dazu, ein NetJazz Café für kleine Konzerte und ein Restaurant. Die Frankfurterin Tina betreibt in schwindelnder Höhe das Restô (Di-So, 19.30-24 Uhr, Telefon 218 867 334). Hier oben fühlt man sich wirklich wie im Mastbaum der Karavelle Lissabon. Etwas unterhalb eine Terrasse, von wo man auch noch einen schönen Blick über die Stadt hat und wo man am Wochenende ab 12 Uhr einen Kaffee trinken oder eine Kleinigkeit essen kann.
Colectividade Cultural e Recreativa de S. Catarina
Costa do Castelo 7
Tel. 218 878 225
www.chapito.org

kann allerdings mit dem Ambiente nicht ganz mithalten.
R. das Portas de Santo Antão 58, Tel. 213 469 231
tgl. 12-15 und 19-23 Uhr €€

(K 6/7) **Cervejaria Alemã**
Wer in Lissabon nicht auf sein Wiener Schnitzel oder deutsches Bier verzichten möchte, findet hier das Gewünschte. Auch wenn der Chef Brasilianer ist und die Speisekarte portugiesischen Standards folgt.
R. do Alecrim 23
Tel. 213 422 916, *Mo-Do 12-15 und 19-23, Fr-Sa, 12-15 und 19-2.00 Uhr* €€

(I 6) **Casa Mexiko**
Empfehlenswertes Szenelokal in einem mit kräftigen Farben gestalteten Kellergewölbe. Mexikanische Spezialitäten, viel Leckeres „para los tradicionales und para los gringos".
Av. D. Carlos I. 140
Tel. 213 965 500, *Mo-Mi 20-1, Do-Fr 20-2 Uhr* €€

(c 2) **D'Avis**
Hier kommen die Freunde der alentejanischen Küche auf ihre Kosten (1998 Gewinner des Bib Gourmand von Michelin). Ländliche Dekoration mit einer Kuhglocke, die jedesmal läutet, wenn eines der schmackhaft-deftigen Gerichte die Küche verlässt: *migas de batata com lombo de porco* (Kartoffeln mit Brotkrümeln und Schweinelende), *pezinhos de porco de coentrada* (Schweinefüßchen in Koriander), *caldeta de cação com poejo* (Katzenhaisuppe mit Gamander).
R. do Grilo 96-98
Tel. 218 681 354 *Mo-Sa 12-15.30 und 19.30-23 Uhr* €

(H 3) **En'Clave**
Spezialität ist das kapverdische Nationalgerichts *cachupa*. Ab 22 Uhr gibt es im unteren Stockwerk Live-Musik: Man kann tanzen oder einfach zuhören. Wenn man Glück hat, der rauchzarten Stimme des Hausherrn Tito Paris.
R. do Sol ao Rato 71-A
Tel. 213 888 738
Mi-Mo ab 20 Uhr €€

(b 2) **O Madeirense**
Im 2. Stock des Amoreiras-Einkaufszentrums befindet sich das preisgekrönte Restaurant, das Portugal auf der Weltausstellung 1992 in Sevilla vertrat. Spezialität sind regionale Gerichte aus Madeira (Schwertfisch mit Banane, Spieße aus Lorbeerholz mit Fleisch). Unbedingt probieren: *bolo de mel*, den für Madeira typischen Honigkuchen.
Amoreiras Shopping Center
Tel. 213 830 827
Mo-Sa 12-15.30 und 18-23 Uhr €€

(K 4) **Os Tibetanos**
Lissabons einziges konsequent vegetarisches Restaurant. Breites Speiseangebot von tibetanischen Currygerichten bis zu Tofuwürstchen. Es lohnt sich, einen Tisch im Hof zu bestellen (der Innenraum ist sehr eng).
R. do Salitre 117
Tel. 213 142 038, *Mo-Fr, 12-14 und 19.30-21.30 Uhr* €

(N 3) **Sabores de Goa**
In einer der ethnisch buntesten Ecken Lissabons rund um die Metro-Station Anjos (hier haben sich viele Bewohner der ehemaligen Kolonien niedergelassen) bietet Sr. Pedro aus Goa schmackhafte portugiesisch-indische Gerichte zu niedrigen Preisen an.
R. do Zaire 17B
Tel. 218 129 144, *tgl. 12-15 Mi, Fr, Sa auch 19-23 Uhr* €

CERVEJARIAS

Bierlokale, in denen ein gutes Bier gezapft wird (hell und dunkel). Dazu knabbert man Lupinenkerne *(tremoços)*, isst *pastéis de bacalhau* (Stockfischbällchen) oder *rissois* (Krabbentäschchen).

(N 2) **Cervejaria Portugália**
Lissabons renommierteste und größte *cervejaria*. Gehört zur angrenzenden Brauerei Sagres. Auf zwei Etagen azulejoverkleidete Räume mit Platz für 400 Personen.
Av. Almirante Reis 117
Tel. 213 140 002, *tgl. 10-1.30, warme Küche ab 12 Uhr* €

(K/L 5/6) **Cervejaria da Trindade**
Früherer Speiseraum des Trinatarierklosters, mit sehr schönen Azulejobildern ausgekleidet. Inzwischen im Besitz der Brauerei Sagres, ist er zu einer Touristenattraktion ersten Ranges geworden. Zum Abendessen sollte man früh kommen, denn ab 19 Uhr bilden sich Warteschlangen. Die Fleischgerichte sind weniger überzeugend, eher schon das Seegetier: *santola recheada* (gefüllte Seespinne), *amêijoas à bulhão pato* (Muschelgericht) oder *bacalhau à bras*.
R. Nova da Trindade, 20-C
Tel. 213 423 506
tgl. 9-1.30 Uhr €

Entspannt essen im Innenhof des Pátio 13 in der Alfama

(K 7) **Cervejaria Portugália-Rio**
In den Docas, ganz in der Nähe des Bahnhofs Cais do Sodré, in einer ehemaligen Lagerhalle. Helle und freundliche Bierkneipe mit einem schönem Blick auf den Fluss. Das Speiseangebot orientiert sich eher an Fast food.
Cais do Sodré
Tel. 213 422 138
tgl. 12-1, Fr-Sa bis 2 Uhr €

(b 2) **Cervejaria Portugália-Belém**
Wunderschön gelegen: direkt am Entdeckerdenkmal und ringsum von Wasser umgeben.
Av. de Brasília
Tel. 213 032 700
tgl. 12-1 Uhr €

Zum Verlieben: vor der Bar Frágil im Bairro Alto

BARS, KNEIPEN UND WEINSTUBEN

(K 5/6) **A Capela Bar**
In dieser Kapelle empfängt den Nachtschwärmer des Bairro Alto eine wahrhaft sakrale Atmosphäre mit Kerzenlicht und abgehobener Musik. In einer Nische des schönen Hinterzimmers steht sogar der Stadtheilige, Santo António. Essen (brasilianische und italienische Küche) bis 22 Uhr. Ab Mitternacht wird es eng.
R. da Atalaia 45
Tel. 213 47 00 72
So-Do 22-2, Fr-Sa 22-4 Uhr

(A 1) **A Ginginha**
Bei einem Bummel durch die Baixa sollte ein kurzer Abstecher in eine Ginginha-Kneipe nicht fehlen. Direkt am Rossio gegenüber des Teatro Nacional hat „A Ginginha“ ständig geöffnet, um den magenfreundlichen Kirschlikör zu kredenzen. Man verlangt *com* oder *sem*, mit oder ohne Kirschen. In der kleinen Kneipe gibt es keine Sitzplätze; man stellt sich am Marmortresen an. Möchte man ein zweites Glas, schließt man sich wieder hinten an. Bei Hochbetrieb entsteht so ein fröhlicher Kreisverkehr. Weitere Ginginha-Kneipen befinden sich in der Nähe (z. B. Ginginha Sem Rival in der R. das Portas de Santo Antão 7), aber auch in anderen Stadtteilen.
Largo de São Domingos 8

(K 5/6) **B'Artis**
Gemütliche kleine Bar mitten im Bairro Alto. Marmortische, alte Poster und Büchervitrinen bestimmen das Ambiente. Bei guter Jazzmusik sollte man sich unbedingt einen der ausgezeichneten Muskateller servieren lassen. Für den späten Hunger empfiehlt sich die Spezialität des Hauses, ein leckerer Hühnertoast.
R. Diário de Notícias 95-97
Tel. 213 42 47 95
tgl. 20-4 Uhr

(K 4/5) **Enoteca/ Chafariz do Vinho**
Das wohl ungewöhnlichste Weinlokal Lissabons. In den Gewölben eines Brunnens *(chafariz)* unterhalb der Praça Príncipe Real auf dem Weg zur Praça da Alegria. Durch einen ehemaligen öffentlichen Waschraum gelangt man in das hohe Steingewölbe des Hauptraums. Hier sind auf drei Etagen beste portugiesische, aber auch ausländische Weine gelagert. Zur Weinprobe werden Käse, Brot und Früchte gereicht; man kann auch ein Menü bestellen.
R. da Mãe d'Água
Tel. 213 42 20 79
Di-So 18-2 Uhr

(I 5) **Foxtrot**
Traditionsreiche Bar im São Bento-Viertel. Reminiszenzen an die zwanziger Jahre, aber auch Sammelsurium von Teppichen, Statuen, Postern anderer Epochen. Ein paar Tische für Billard und Tischfußball laden zum Spielen ein. Nicht vergessen, den Papagei zu begrüßen, der ist sonst beleidigt.
Travessa de Santa Teresa 28
Tel. 213 95 26 97
So-Do 18-2, Fr-Sa 18-3 Uhr

(K 5/6) **Frágil**
Historische Bar des Bairro Alto. Manuel Reis hatte 1983 als Erster die Idee, in diesem heruntergekommenen, damals noch von Kneipen, Fado und Prostitution dominierten Altstadtviertel eine trendige Bar mit fetziger Musik und ständig wechselnder Dekoration aufzumachen. Inzwischen so etwas wie eine Institution.
R. da Atalaia 128
Tel. 213 46 95 78
Do-Sa 21.30-4 Uhr

(K 5) **Pavilhão Chinês**
Der Neuankömmling ist zuerst verunsichert. Nachdem man die Klingel und den Vorraum überwunden hat, kommt man in verschiedene plüschige Wohnräume, die überladen sind von Nippes und Spielsachen. Vitrinen erinnern noch an den Lebensmittelladen, der hier ab 1901 betrieben wurde. Neben Tee und Kaffee großes Cocktail-Angebot.
R. Dom Pedro V 89
Tel. 213 42 47 29
Mo-Sa, 18-2, So ab 21 Uhr

(I 3) **Procópio**
Die gemütliche kleine Bar liegt versteckt an einem lauschigen Innenhof mit Brunnen in unmittelbarer Nähe der Mãe d'Água (Jardim das Amoreiras). Hier sieht es noch genauso aus wie vor 30 Jahren, als es in der vorrevolutionären Phase vor allem ein Treffpunkt der Intellektuellen und Künstler war. Nur die hier gezeigten Filme laufen jetzt nicht mehr über eine Leinwand, sondern über Video.
Alto de S. Francisco 21-A
Tel. 213 85 28 51
Mo-Fr 18-3, Sa 21-3 Uhr

(E 2) **Sítio do Picapau**
Diese Kneipe verfügt über eine der schönsten Terrassen Lissabons im malerischen Stadtteil Lapa. Hier kann man in Ruhe seinen Kaffee oder ein Bier genießen und seinen Blick schweifen lassen. Es gibt auch einen Mittagstisch, preisgünstig und lecker wie bei Muttern zu Hause.
R. dos Remédios 61
Tel. 213 97 82 67
Mo-Fr 8-17.30 Uhr

(K 5) **Solar do Vinho do Porto**
Gleich oberhalb des Elevador da Glória liegt der Stadtpalast des deutschen Architekten und Erbauers des Klosters von Mafra, Johann Friedrich Ludwig (Ludovice). In den unteren Räumen ist eine Probierstube eingerichtet, wo man in angenehm gekühlter Luft und gediegener Atmosphäre zwischen mehr als 100 Portweinen wählen kann, von einem herben weißen Port bis zum vollmundigen Vintage.
R. São Pedro de Alcântara 45
Tel. 213 47 57 07/-8/-9
tgl. 14-24 Uhr

(K 5/6) **Tertúlia**
Eine Bar im Bairro Alto, in der sich eher ältere jazzorientierte Herrschaften wohlfühlen (mit Zeitungen und Zeitschriften, einem Klavier, auf dem auch manchmal gespielt wird). Trotzdem sehr gemischtes Publikum und eine angenehme Atmosphäre.
R. do Diário de Notícias 60
Tel. 213 46 27 04
Mo-Sa 20.30-4 Uhr

MERIAN | TIPP

(a 2) **Die Ciclovia von Cascais**
Für Fahrradfreunde gibt es mit dem Fahrradweg *(ciclovia)* von Cascais zum Guincho-Strand (10 km) eine exzellente Gelegenheit, etwas für ihre Fitness zu tun und sich die frische Atlantikbrise um die Nase wehen zu lassen. Die ersten drei Kilometer führen direkt am Wasser entlang, dann ein Seitenwechsel, weiter geht's parallel zur Estrada do Guincho. Diese ist im Sommer sehr befahren und auf der nur 2,45 Meter breiten Tartanbahn drängeln sich neben den Radfahrern Massen von Joggern, Skatern und Spaziergängern. Fahrräder können gratis gegen Vorlage des Personalausweises entliehen werden (Stand vor dem Hotel Baía, gegenüber dem Rathaus,10 Minuten Fußweg von der Endstation der Linie Cais do Sodré-Cascais). Kleine Fahrradkörbchen für Badesachen und Trinkwasserflasche sind vorhanden (jedoch keine Klingel und kein Schloss). Es empfiehlt sich, in dem Fahrradladen etwas oberhalb des Rathauses (zwischen Polizeistation und der Igreja dos Navegantes) für ein paar Euro ein Kettenschloss (cadeado) zu erwerben. Das gibt einem die Freiheit, Sehenswürdigkeiten am Wegesrand zu besichtigen, z. B. das Centro Cultural de Cascais, den Palácio do Conde de Castro Guimarães, Boca do Inferno, die Festung von Oitavos. Zudem kann man sich dann unbeschwert am weitläufigen Guincho-Strand bewegen (schönes Terrassen-Café am hinteren Ende). Das Schwimmen am Guincho ist allerdings nicht ungefährlich (hohe Wellen, Unterströmungen). Keinesfalls bei aufgezogener roter Flagge ins Wasser gehen.

FITNESS CLUBS

(c 2) **Holmes Place**
Internationale Luxus-Studio-Kette. Besonders bei den Reichen und Schönen ein beliebter Platz, um die Muskeln spielen zu lassen.
Av. Defensores de Chaves 45B
Tel. 213 51 13 00
Mo-Fr 7-22, Sa, So 9-20 Uhr

Health Club Solinca
Ist mit seinem breiten Angebot (inkl. Squash und Schwimmen) in den beiden großen Centros Comerciais vertreten.
(b/c 2) Solinca Colombo
Av. Lusíada, Tel. 217 11 36 50
(c 2) Solinca Vasco da Gama
Parque das Nações
Tel. 218 93 07 06
Mo-Fr 7-22, Sa, So 9-20 Uhr

(b 2) **Infante de Sagres**
Modernes Sportzentrum (mit Schwimmbad) in Belém etwas westlich vom Jerónimos-Kloster.
R. Bartolomeu Dias 120
Lote E, Tel. 213 04 13 50
Mo-Fr 7-22, Sa 9-21
So 10-20 Uhr

(L 1) **Health Club Sheraton**
Bietet großes Rundum-Programm (inkl. Schwimmen, Yoga, Massagen).
R. Latino Coelho 1
Tel. 213 14 73 53
Mo-Fr 7-21, Sa, So 10-20 Uhr

Für Surfer bieten die Strände an der Westküste beste Bedingungen

SCHWIMMEN

Empfehlenswerte Strände für ein Bad im Meer sind der Guincho (Cascais) und die Strände an der Westküste (Praia Grande, Adraga, Praia das Maçãs, Ericeira etc.), die auch bei Surfern beliebt sind. Oder die Strände „auf der anderen Seite" *(na outra banda)* des Tejo, südlich von Caparica (Fonte de Telha, Meco, Sesimbra, Troia). Ansprechende Schwimmbäder sind zumeist in privater Hand, in Fitnesszentren, Hotels oder in nur für Mitglieder zugänglichen Sportclubs. Es gibt ein kommunales, schon in die Jahre gekommenes Schwimmbad (piscina municipal) im Stadtteil Areeiro (Av. de Roma 26, Tel. 218 43 75 00) und ein moderneres, aber weit im Osten liegendes, in Olivais (Av. Doutor Francisco Luís Gomes, Tel. 218 51 46 30).

Ob Hotel-Pool, Badeanstalt oder Atlantik – Lissabon schwimmt

JOGGEN

Wer nach Lissabon reist, braucht seine Jogging-Schuhe nicht zu Hause zu lassen. Es bestehen verschiedene Möglichkeiten, am Tejo entlang zu laufen: auf dem Gelände des Parque das Nações, weiter flussabwärts zwischen Alcântara und Belém und schließlich an der Mündung zwischen Cruz Quebrada und Caxias (nur 3 km), sowie zwischen Estoril und Cascais. Diese Strecken lassen sich auch zum Skaten nutzen, wobei im letzteren Fall wegen der Unebenheiten des *paredão* (Kaimauer) die *ciclovia* zum Guincho vorzuziehen ist (siehe Tipp). Strecken im Grünen bieten der Espaço Monsanto auf Lissabons höchstem Hügel Monsanto, wo es neben Trimm-Dich-Pfaden auch einen Fahrrad-Parcours gibt, und das Gelände rund um das Nationalstadion (Estádio Nacional) im Vale do Jamor, wo auch Crosslauf-Meisterschaften ausgetragen werden.

TANZEN

Im zweiten Stock des Mercado da Ribeira an der Avenida 24 de Julho (schräg gegenüber vom Bahnhof Cais do Sodré) wird jeden Mittwoch, Sonnabend und Sonntag nachmittags ab 15 Uhr getanzt. Gegen eine kleine Eintrittsgebühr kann man sich hier unter das überwiegend ältere Publikum mischen und nach den Klängen der *pimba*-Musik kräftig das Tanzbein schwingen.

BOWLING

(c 2) **Bowling Internacional de Lisboa**
Moderne Bowling-Anlage im Parque das Nações, beliebt bei Lissabonnern und Touristen. Vorbuchen empfehlenswert.
Alameda dos Oceanos
Tel. 218 92 95 21/2
Mo-Fr 12-2, Sa, So 11-4 Uhr

>> Die Planquadrate mit kleinen Lettern (b 2) beziehen auf die Umgebungskarte Seite 136

MIT KINDERN UNTERWEGS

Die Portugiesen gelten als kinderfreundlich. Besonders blonde Kinder müssen es sich schon mal gefallen lassen, dass ihnen bewundernd über das Haar gestrichen wird. Hochsitze für die Kleinsten sind Standard in den besseren Restaurants. Lissabon ist trotzdem nicht das ideale Reiseziel für Kinder. Museen, Paläste, Kirchen, Kaffeehäuser dürften nicht unbedingt ihr Herz erfreuen. Dann schon eher eine Fahrt in den historischen Aufzügen *(elevadores)* oder Straßenbahnen *(eléctricos)*.

Straßenbahnfahrt

Tipp: Steigen Sie mit Ihrem Nachwuchs in die **Linie 28** gleich am Beginn der Strecke vor dem Friedhof Prazeres ein, am besten direkt hinter dem Fahrer, und fahren Sie bis zur Endstation Martim Moniz. Die kurbelnden Fahrkünste des Fahrers auf dieser viele Höhenunterschiede überwindenden Strecke werden die Kleinen entzücken.

Auf dem Tejo

Ähnlich unterhaltsam ist eine **Bootsfahrt auf dem Tejo,** sei es auf einer der **Fähren** *(cacilheiros)* oder auf einer Rundfahrt mit den **Cruzeiros no Tejo.** *März-Okt. täglich um 11 und 15 Uhr ab* **Praça do Comércio**
Tel. 218 82 03 48/9

Spielplätze

sind in Lissabon eher selten (z. B. an der **Praça Príncipe Real**, auf **Monsanto** oder im **Parque das Nações).** Zum Austoben bleiben darüber hinaus nur die Spielräume der großen Einkaufszentren **(Colombo, Vasco da Gama).**

Strandbahn

Viel frische Luft gibt es auf einer Fahrt mit der kleinen **Dünenbahn entlang der Strände von Caparica.** Am einfachsten zu erreichen mit dem Bus der Linie 153 ab Praça de Espanha bis Endstation. Von dort kurzer Fußweg bis zur Strandbahn. *Verkehrt Juni-Sept. tgl. alle halbe Stunde, in den übrigen Monaten am Wochenende, schönes Wetter vorausgesetzt*

Strände

Ab ca. 12 Jahren dürften Kinder Spaß an einer **Fahrradtour auf der ciclovia von Cascais** haben (siehe Aktiv-Tipp). Ziel ist der **Guincho-Strand,** das Paradies der Windsurfer und Wellenreiter. Man kann natürlich auch die anderen Strände in Lissabons Umgebung besuchen (Oeiras, Carcavelos, Parede, Estoril, Cascais), doch ist beim Baden besonders für Kinder aufgrund der Wellen und Strömungen Vorsicht geboten.

Skaten

Skater kommen am Tejoufer zwischen Alcântara und Belém auf ihre Kosten und im Parque do Gil.
Parque das Nações
Tel. 218 91 86 10, *Mo-Fr 10-13 und 14.30-19.30, Sa-So 10-20 Uhr*

Zoo

Ein Zoobesuch ist für Kinder immer ein Erlebnis. **Zoo de Lisboa, Estrada de Benfica, Tel. 217 23 29 28** *tgl. 10-20 Uhr, Fütterung der Seelöwen: tgl. 10.30 und 14 Uhr.* Empfehlenswert auch der **Quinta Pedagógica de Lisboa** im Stadtteil Olivais Sul, **R. Cidade de Lobito, Tel. 218 55 09 30,** *unterschiedl. Öffnungszeiten*

Präsidentengarde

Beeindruckend für Kinder ist sicher der **Wachwechsel der Präsidentengarde** vor dem Palácio de Belém (direkt neben dem Kutschenmuseum). Jeden dritten Sonntag um 11 Uhr paradiert hier ein Reiterzug der GNR mit Musikkapelle. Und bei einem Besuch von Sintra sollte man das hübsche kleine **Spielzeug-Museum** nicht versäumen.
Museu do Brinquedo, R. Visconde de Monserrate, Tel. 219 24 21 71
Di-So 10-18 Uhr

Sessellift

Besonders lohnend für junge Lissabonbesucher ist ein Ausflug in den **Parque das Nações** (ehemaliges Expo-Gelände). Hier können sie im Sessellift am Tejo entlang gondeln und im **Museu da Ciência** sich spielerisch mit naturwissenschaftlichen Phänomen beschäftigen.
Pavilhão do Conhecimento Ciência Viva, Tel. 218 01 71 00
Di-Fr 10-18 Uhr, Wochenende und Feiertage: 11-19 Uhr

Ozeanarium

Ein Besuch im weltweit zweitgrößten **Ozeanarium** begeistert Kinder und Erwachsene.
Tel. 218 91 70 02, *tgl. 10-18, im Sommer bis 19 Uhr*

MERIAN | TIPP

(K 5) Eine Fundgrube für Azulejo-Freunde

Sie nennt sich hochtrabend *solar* (Herrenhaus), liegt aber versteckt und bescheiden in einer großbürgerlichen Häuserreihe der Rua D. Pedro V oberhalb der Aussichtsterrasse S. Pedro de Alcântara und gegenüber der schönen Jugendstil-Pastelaria Boutique do Pão de São Roque. Die Rede ist von Lissabons wohl ergiebigster Fundgrube für Azulejo-Freunde. Herrschaftlich ist schon eher die schmiedeeisern vergitterte Tür, die sich erst nach Betätigung einer Klingel öffnet. Im Eingangsbereich hängen neben anderen Antiquitäten (Drucke, Zinnwerk) einzelne Fliesen-Paneele für betuchtere Kunden. Doch in den dahinter liegenden Räumen tun sich auf zwei Etagen ganze Lager von Einzelstücken *(azulejos avulsos)* auf, alles Originale, die aus portugiesischer Abbruchmasse stammen. Hier liegen sie nun hinter Maschendraht und warten auf Käufer aus aller Welt: dicht an dicht gedrängt, fein säuberlich gestapelt und chronologisch geordnet, vom 16. Jh. bis ca. 1920. Eine ähnliche Bandbreite bieten die Preise, die sich in einer Tabelle von A (8,50 €) bis Z (325 €) bewegen.
Solar, R. D. Pedro V 68-70
Tel. 213 465 522
Fax 213 428 885
solartiles@bigfoot.com
Mo-Fr 10-19, Sa 10-13 Uhr

Azulejos gehören, wie hier in der Baixa zum Stadtbild

Futuristisch: die Boutique der Modezarin Ana Salazar

CENTROS COMERCIAIS

Die Lissabonner sind sehr stolz auf ihre modernen Einkaufszentren, die sich mit jeder amerikanischen Mall messen können. Leider haben sie zu einem Sterben der traditionellen Tante-Emma-Läden *(loja da esquina)* geführt. Die Centros Comerciais haben durchgehend von 10-23 Uhr geöffnet (Kinosäle entsprechend länger).

(b 2) Centro Comercial das Amoreiras

Das Erste seiner Art in Portugal. Vom Lissabonner Architekten Tomás Taveira in postmoderner Art erbaut (1985 eröffnet). 300 Läden auf zwei Etagen, darunter ein Supermarkt, edle Mode- und Schmuckboutiquen, Bücher- und Schallplattenläden. In der oberen Etage werden in zehn Kinosälen Filme im Original (mit port. Untertiteln) gezeigt. Dazu Restaurants, Banken und sogar eine Kirche.
Avenida Duarte Pacheco

(b/c 2) Centro Comercial Colombo

Das größte Einkaufszentrum der Iberischen Halbinsel liegt gegenüber dem Benfica-Stadion. Der Hypermarkt Continente mit seinen mehr als 100 Kassen ist so riesig, dass die Angestellten sich auf Rollschuhen bewegen müssen.
Avenida Lusíada

(c 2) Centro Comercial Vasco da Gama

Am Eingang zum Parque das Nações, im auffälligen Vasco da Gama-Turm. Mit „nur" 160 Geschäften nicht so groß wie das Colombo (400 Geschäfte), aber architektonisch sehr reizvoll. Steht unter dem Motto „Meer", Wasser plätschert über das gläserne Dach des Eingangsbereichs.

(A 2/3) Centro Comercial dos Armazéns do Chiado

Im Gebäude des alten Kaufhauses Armazéns do Chiado, das im August 1988 abbrannte und wieder aufgebaut wurde. Angenehm überschaubar mit Modegeschäften und einem Ableger der französischen Kette FNAC mit großem Bücher- und CD-Angebot sowie Theaterkasse.
Rua do Carmo
oder Rua do Crucifixo 103

DESIGNERMODE

(A 2) Ana Salazar

Interessanter Laden von Ana Salazar, Portugals Grand Dame der Mode. Das Gebäude, das die Boutique beherbergt, ist mehrere hundert Jahre alt, früher war es ein Kloster. Interessanter Kontrast zu der topmodernen Kleidung, die hier angeboten wird.
R. do Carmo 87
Tel. 213 47 22 89
Mo-Fr 9-19 Uhr, Sa 9-13 Uhr

KERAMIK, AZULEJOS, PORZELLAN, GLAS

(K 6) Sant'Anna

Lissabons ältestes Keramik- und Fliesengeschäft (seit 1741). Herstellung nach alten Mustern, auch auf Bestellung. In den letzten Jahren nicht unbedingt besser, aber leider sehr viel teurer geworden.
R. do Alecrim 59
Tel. 213 42 25 37
Mo-Fr 9-19, Sa 9-14 Uhr

Viuva Lamego

Traditionsreiche Fliesen- und Keramikfabrik (seit 1849). Verkaufsausstellung auf der Rückseite der ehemaligen Fabrik.
Largo do Intendente 25 (M 4)
Tel. 218 85 24 08
Ableger im Chiado in der Calçada do Sacramento 29 (A 3)
Tel. 213 46 96 92
Mo-Fr 9-13 und 15-19
Sa 9-13 Uhr, (Chiado: Mo-Fr 10-19, Sa 10-14 Uhr)

(K 6) Vista Alegre

Portugiesisches Porzellan vom Feinsten. Die Zentrale befindet sich am Chiado-Platz. Weitere Filialen in den Centros Comerciais, dem Centro Cultural de Belém und am Flughafen.
Largo do Chiado
Tel. 213 46 14 01
Mo-Sa 9.30-19 Uhr

(I 5) Depósito da Marinha Grande

Die Glasfabrik aus Marinha Grande (Mittelportugal) ist in der Rua de São Bento gleich mit drei Läden vertreten. Hier findet man fast alles vom Sektkelch über Vasen bis zu Glasgefäßen des täglichen Gebrauchs. Filiale im Centro Comercial Colombo (Loja 177).
R. de S. Bento 234/242 – 418/426, Tel. 213 96 30 96
Mo-Fr 9-13, 15-19, Sa 9-13 Uhr

KORK

Portugal ist der weltweit größte Produzent von Kork, ein umweltfreundliches Material, das vielfältig eingesetzt werden kann.

(K 4) Casa das Cortiças

Das traditionelle Korkgeschäft, unter Lissabonnern als „Mr. Cork" bekannt. Es bietet eine breite Palette von Artikeln, die aus Kork oder in Verbindung mit Kork gefertigt sind (Korkschnitzereien, Papierkörbe, Azulejos).
R. da Escola Politécnica 4-6
Tel. 213 42 58 58
Mo-Fr 10-13 und 15-19
Sa 10-13 Uhr

> Weitere Shopping-Tipps auf Seite 134

RÜCKBLICK

Auferstanden aus Ruinen

Lissabons Wiederaufbau nach dem Erdbeben von 1755 war ein Meisterwerk

Am 1. November 1755, am Allerheiligentag, erschütterte gegen 9.30 Uhr ein gewaltiges Erdbeben die Stadt Lissabon und weite Teile des portugiesischen Südens. Viele Gebäude fielen in Schutt und Asche; schätzungsweise 30 000 Menschen wurden von den Trümmern erschlagen, verbrannten in der sich rasend ausbreitenden Feuersbrunst oder ertranken in den Fluten des Tejo. Das Beben erschütterte auch das vorherrschende christliche Weltbild: Wie konnte ein gütiger Gott eine solche Katastrophe zulassen, zudem zu einem Zeitpunkt, als die Christen sich gerade in den Kirchen versammelt hatten?
Eine Kontroverse unter den Intellektuellen und Theologen der Zeit brach aus. Für die französischen Denker der Aufklärung wie Voltaire war das Erdbeben ein Beweis für die Unsinnigkeit des optimistischen Theodizee-Gedankens eines Leibniz. In seinem langen „Gedicht über die Katastrophe von Lissabon" und vor allem in seiner Satire „Candide" räumt Voltaire mit der Vorstellung der „besten aller möglichen Welten" auf. Der junge Goethe drückt seine Bewegung in einem Tagebucheintrag aus (nachzulesen in einem Fliesenbild der Metro-Station Marquês de Pombal).

Zeitgenössischer Kupferstich des Lissabonner Erdbebens von 1755

Nüchterner reagierte der damals allmächtige Minister Sebastião José de Carvalho e Mello, der spätere Marquês de Pombal. Als ihn der portugiesische König José I. konsterniert fragte, was er zu tun gedenke, erwiderte er: „Die Toten begraben und sich um die Lebenden kümmern" (Enterrar os mortos, cuidar dos vivos). Beim Wiederaufbau der Stadt zeigte sich der aufklärerische Geist des Marquês. Das alte Gängeviertel verschwand. Statt dessen entstand das schachbrettartige Straßenbild der Baixa. Der verantwortliche Architekt, der Ungar Carlos Mardel, setzte modernste Baumethoden ein. So entstanden innerhalb kurzer Zeit neue Häuserzeilen im Baukastenverfahren mit vorgefertigten Teilen. Es gab zum ersten Mal Brandmauern und ein inneres Skelett aus Holzstämmen, die berühmte *gaiola* („Käfig"), die in den weichen Untergrund der ursprünglich in einem Flusstal entstandenen Unterstadt ragen und somit Erdstöße abfedern. Doch die Lehren des Marquês wurden vergessen. Im August 1988 wurden die Lissabonner abgestraft, als der Brand des Chiado so verheerend ausfiel, weil moderne Verkleidungen der Fassaden die Wirkung der Brandmauern konterkarierten. Und bei den derzeitigen Renovierungsarbeiten werden die zum Teil maroden Stämme der *gaiola* durch Zement aufgefüllt und dadurch die Gebäude ihres Erdbebenschutzes beraubt.

Ab 8. Jh. v. Chr. Phönizier tauchen zuerst an der Tejomündung auf, später die Griechen (Gründung von Olisipo, angeblich von Odysseus).
218 v. Chr. Die Römer dringen auf die Iberische Halbinsel vor.
Um 60 v. Chr. Olisipo wird römisches Munizipium und erhält den Beinamen Felicitas Julia.
Ab 411 Germanische Stämme (Alanen, Vandalen, Westgoten) verdrängen die Römer.
714 Mauren erobern Lissabon. Als al-Lisbuna erste Blütezeit.
durch den späteren Marquês de Pombal.
5./6. 8. 1709 Der Pater Gusmão bringt seinen Heißluftballon, die Passarola, in der Casa da Índia zum Fliegen und wird lange vor den Brüdern Montgolfier zum Pionier der Luftfahrt.
1807-11 Französische Invasion. Der portugiesische Hof flieht nach Brasilien.
1821 Die Portugiesen befreien sich von der englischen Schutzmacht. Die Cortes geben sich eine liberale Verfassung

Die Eroberung von Lissabon 1147. Stahlstich von Rebel, 1845

1147 Eroberung Lissabons durch das christliche Heer des ersten portugiesischen Königs, Dom Afonso Henriques.
1255/1256 Lissabon wird Hauptsitz des Königshauses und portugiesische Hauptstadt.
1290 Gründung der ersten Universität des Landes (zieht 1307 nach Coimbra um).
1373-75 König Fernando I. lässt eine neue Stadtmauer bauen *(cerca fernandina)*, die neben dem Bereich der Stadtburg auch die Baixa umfasst.
15./16. Jh. Zeit der Entdeckungen. Lissabon wird zur europäischen Handelsmetropole. Reichtum besonders durch den Gewürzhandel.
18. 9. 1499 Vasco da Gama kehrt von der ersten erfolgreichen Indienfahrt zurück.
Um 1500 König Dom Manuel I. lässt den neuen Königspalast am Tejoufer bauen (Terreiro do Paço, heute Praça do Comércio).
1580 Das Königshaus Aviz erlischt. Der spanische König Felipe II. macht Erbschaftsansprüche geltend und erobert Lissabon.
1640 Nach Vertreibung der Spanier kommt die Dynastie Bragança auf den Thron.
1. 11. 1755 Ein Erdbeben zerstört große Teil der Stadt. Ca. 30 000 Tote. Wiederaufbau
und holen den König aus Brasilien zurück.
1834 Säkularisierung der Klöster, die anderweitig genutzt werden (S. Bento-Kloster wird z. B. Parlamentsgebäude).
1836 Königin Maria II. heiratet den kunstsinnigen Ferdinand von Sachsen-Coburg-Koháry.
1. 2. 1908 König Dom Carlos und sein Sohn fallen auf der Praça do Comércio einem Attentat zum Opfer.
5. 10. 1910 Vom Balkon des Rathauses wird die Republik ausgerufen.
1926 Militärputsch und Beginn einer fast 50-jährigen faschistischen Diktatur, von 1932 bis 1968 unter Salazar.
1959 Einweihung der ersten Metro-Linie.
1966 Einweihung der Tejobrücke nach Almada, Ponte Salazar, heute Ponte 25 de Abril.
25. 4. 1974 Nelkenrevolution, Ende der faschistischen Diktatur, Portugal wird Demokratie.
1986 Beitritt Portugals zur Europäischen Gemeinschaft.
25. 8. 1988 Ein Brand im Geschäftsviertel Chiado zerstört viele historische Gebäude.
1994 Lissabon ist europäische Kulturhauptstadt.
1998 Expo '98. Einweihung der 17,2 km langen Ponte Vasco da Gama über den Tejo.

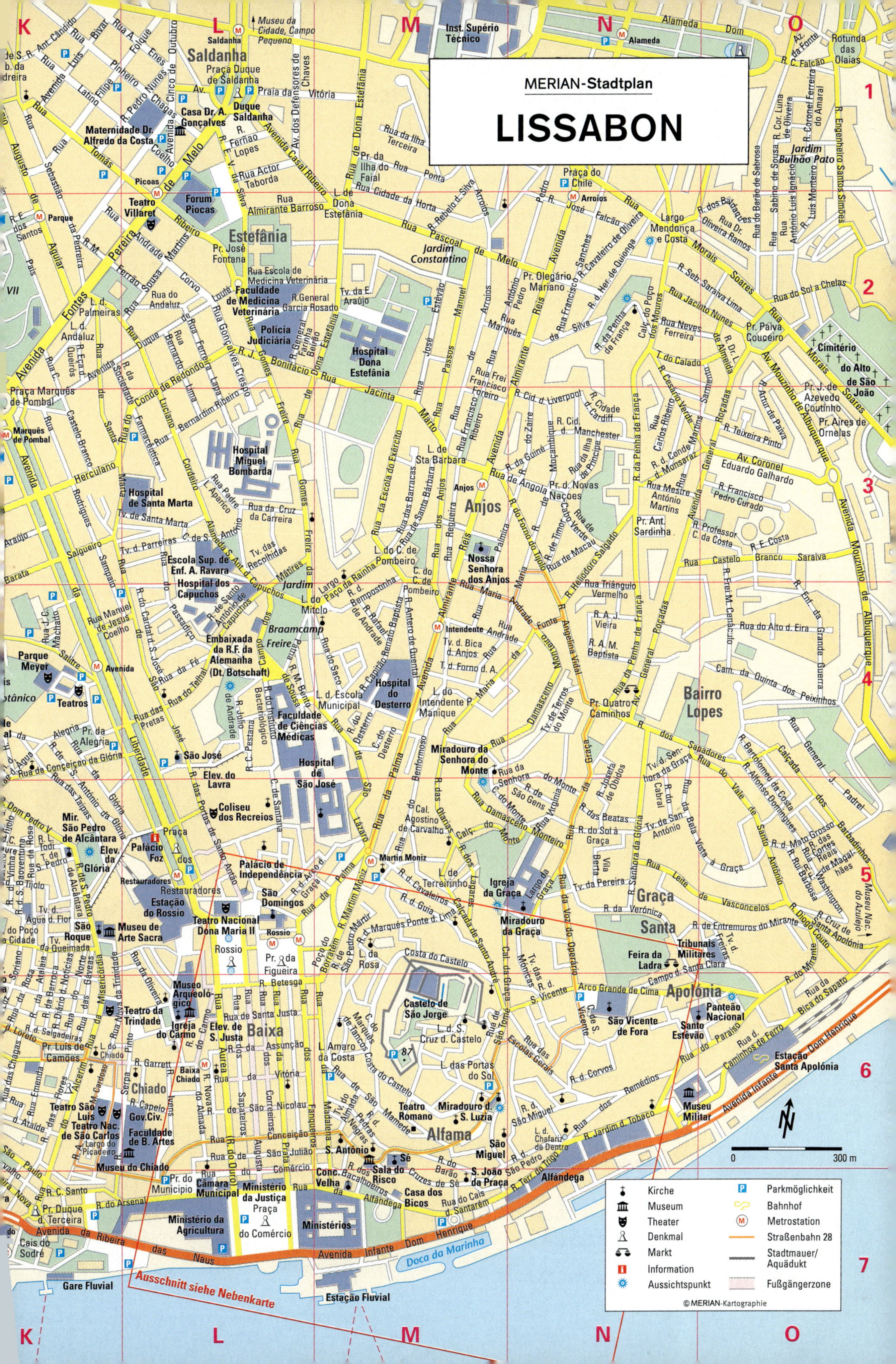
MERIAN-Stadtplan
LISSABON
K
L
M
N
O
1
2
3
4
5
6
7
Saldanha
Estefânia
Anjos
Bairro Lopes
Graça
Santa
Apolónia
Baixa
Chiado
Alfama
Rossio
Praça do Comércio
Castelo de São Jorge
Hospital Dona Estefânia
Hospital Miguel Bombarda
Hospital de Santa Marta
Hospital do Desterro
Hospital de São José
Jardim Constantino
Cemitério do Alto de São João
Estação do Rossio
Estação Santa Apolónia
Estação Fluvial
Gare Fluvial
Doca da Marinha
Avenida Infante Dom Henrique
Avenida da Liberdade
Avenida Almirante Reis
Alameda
Teatro Nacional Dona Maria II
Teatro Romano
Sé
Panteão Nacional
São Vicente de Fora
Museu Militar
Ministérios
Ausschnitt siehe Nebenkarte
Kirche
Museum
Theater
Denkmal
Markt
Information
Aussichtspunkt
Parkmöglichkeit
Bahnhof
Metrostation
Straßenbahn 28
Stadtmauer/ Aquädukt
Fußgängerzone
0
300 m
N
© MERIAN-Kartographie

MERIAN | TIPP

Die Baixa
Schon die Straßennamen dieses nach dem Erdbeben von 1755 schachbrettartig wieder aufgebauten Viertels zwischen Rossio und Praça do Comércio verlocken zum Shoppen: Rua dos Sapateiros (Straße der Schuster), Rua dos Douradores (Straße der Golschmiede), Rua dos Fanqueiros (Straße der Tuchhändler). Es sind die Namen der Zünfte, die hier ihr Gewerbe betrieben haben und zum Teil noch betreiben. Seit die Baixa vor einigen Jahren weitgehend Fußgängerzone wurde, ist sie so recht zu einem Paradies für Flaneure und Shopper geworden. Es lohnt sich, sich hier treiben zu lassen und in die eleganten Geschäfte hineinzuschauen. Oder in einen der historischen Läden wie den von Manuel Tavares in der Rua da Betesga mit seinem exzellenten Angebot an Lebensmitteln und Spirituosen (die älteste Portweinflasche datiert von 1868). Oder die Loja das Meias, das berühmte Bekleidungsgeschäft, das seit 1902 am Rossio die feine Welt einkleidet. Und irgendwo stößt man vielleicht noch auf eines der alten Kurzwarengeschäfte *(retrosarias)*, wo Nähutensilien sich bis unter die Decke stapeln und der freundliche Verkäufer sich selbst dann noch bedankt, wenn der Kunde nichts gekauft hat.

KUNSTHANDWERK (ARTESANATO)

(L 5) **Artesanato Regional Português**
Großes Angebot regionaler Artikel aus Massenfabrikation.
Praça dos Restauradores 62-64
Tel. 213 47 78 75
tgl. 9-20 Uhr

(B 3) **Santos Ofícios**
Liebevoll sortiertes Geschäft am südlichen Ende der Rua da Madalena (Nähe Praça do Comércio)
R. da Madalena 87
Tel. 213 87 20 31
Mo-Sa 10-20 Uhr

(G 4) **Loja do Mundo Real**
Wer das Echte liebt, für den ist dieser Laden genau das Richtige. Die Loja gehört dem Verband ProRegiões zur Förderung des regionalen Handwerks an. Neben kunsthandwerklichen Objekten gibt es auch hausgemachte Delikatessen.
R. Saraia de Carvalho 218
Tel. 213 95 88 89
Mo-Sa 10-20 Uhr

SOUVENIRS

(L 5) **Loja dos Museus**
Viele Lissabonner Museen besitzen einen Shop, in dem Repliken der jeweiligen Exponate angeboten werden. Das Instituto Português de Museus hat zudem im Palácio Foz direkt neben der Tourismus-Information eine Loja dos Museus eingerichtet, in der das Angebot verschiedener Museen der Hauptstadt zusammengefasst ist.
Praça dos Restauradores
Tel. 213 47 83 33
Mo-Sa 10-19 Uhr

TABAK

(K 6) **Caza Havaneza**
Ob Zigarren, Pfeifentabak oder Humidore – seit 1876 ist die Caza Havaneza das Spezialgeschäft für Raucher. Teakholzvertäfelung, Marmorfußboden und Messingbeschläge sorgen für eine Atmosphäre wie in einem alten britischen Herrenclub. Der Kunde kann zwischen 50 verschiedenen Zigarren und 80 Sorten Pfeifentabak wählen.
Largo do Chiado 25
Tel. 213 42 03 40
Mo-Fr 9-19, Sa 9-13 Uhr

TEPPICHE

Portugal hat nicht nur eine lange Keramiktradition, sondern mit Arraiolos (Baixo Alentejo) und Portalegre (Alto Alentejo) auch zwei Hochburgen der Teppichfabrikation. Beide sind mit Verkaufsgalerien in Lissabon vertreten.

(I 4) **Casas de Tapetes de Arraiolos**
Die von Hand nach alten Vorlagen oder eigenen Vorschlägen geknüpften Teppiche werden inzwischen weltweit imitiert. Wer ein Original erstehen möchte, sollte sich an die offizielle Verkaufsstelle in der Rua da Imprensa Nacional halten.
R. da Imprensa Nacional 116E
Tel. 213 96 33 54
Mo-Fr 9.30-19, Sa 9.30-13 Uhr

(I/K 5) **Galeria Tapeçarias de Portalegre**
In den Gewölben eines alten Stadtpalastes in Nachbarschaft zur Ratton-Keramik eine Galerie, die einen Besuch lohnt, selbst wenn die Exponate unerschwinglich sind. Wahre Kunstwerke entstanden nach Vorlage berühmter Künstler wie z. B. Helena Vieira da Silva, Cargaleiro, Graça Morais und José de Guimarães.
R. da Academia das Ciências 2J
Tel. 213 42 14 81
Mo-Fr 13-19.30 Uhr

WÄSCHE

(L 6) **Paris em Lisboa**
In dem traditionsreichem Wäschegeschäft am Chiado scheint die Zeit stehen geblieben zu sein. Und nach wie vor kauft hier die qualitätsbewusste Lissabonnerin ein.
R. Garrett 77
Tel. 213 46 88 85
Mo-Sa 10-19

WEINHANDLUNGEN

Die portugiesischen Weine sind auf dem Vormarsch. Entsprechend finden sich eine ganze Reihe von garrafeiras, Weinhandlungen, die ihr Publikum sachkundig beraten.

(b 2) **Coisas do Arco do Vinho**
Gilt als Trendsetter. Hat neben einem großen Weinangebot auch Accessoires für Freunde des gepflegten Weinkonsums.
R. Bartolomeu Dias
Lojas 7 e 8
Tel. 213 64 20 31
Di-So 11-20 Uhr

(G 4) **Garrafeira Campo de Ourique**
Im Stadtteil Campo de Ourique, nicht weit von der Markthalle, berät der Enologe Arlindo Santos fachkundig (er spricht auch Englisch).
R. Tomás de Anunciação 29 A
Tel. 213 97 34 94
Mo-Fr 9-19.30, Sa-13.30 Uhr

(B 2) **Garrafeira Nacional**
Das führende Weingeschäft in der Baixa.
R. de Santa Justa 18-24
Tel. 218 87 90 04
So-Fr 9.30-19.30 Uhr, Sa 9-13 Uhr

(G 4) **O Éspírito do Vinho**
Ein absolutes Fachgeschäft mit einem interessanten und breiten Angebot auch eigener Weine. Liegt in der Haupteinkaufsstraße des Stadtteils Campo de Ourique.
R. Ferreira Borges 94 B
Tel. 213 85 90 78
Mo-Sa 10-20 Uhr

Die Caza Havaneza verkauft seit 1876 Tabakwaren

Agrovinhos
Die Winzergenossenschaft Adegas Cooperativas do Norte ao Sul bietet an verschiedenen Stellen der Stadt preisgünstig ihre Weine an. Hier die Adressen:
(C 3) R. Afonso de Albuquerque (gleich hinter der Casa dos Bicos)
(I 5) Praça das Flores 10/11
(E 6) R. Fradesso da Silveira 45-47 (am Largo do Calvário in Alcântara)
Mo-Sa 9-13 und 15-19 Uhr

>> Die Planquadrate mit kleinen Lettern (b 2) beziehen auf nebenstehende Umgebungskarte

Die Lobby des Hotel Avenida Palace in der Nähe des Rossio

LUXUS-HOTELS

(A 2) **Hotel Avenida Palace**
Eines der ältesten und elegantesten Lissabonner Hotels (1896 eröffnet, 1997/98 renoviert). Edle Möbel, noble Salons. Trotz der zentralen Lage (neben dem Rossio-Bahnhof) ruhige Zimmer (Doppelfenster).
R. 1º de Dezembro 123
Tel. 213 21 81 00
Fax 213 42 28 84
hotel.av.palace@mail.telepac.pt
www.hotel-avenida-palace.pt
€€€

(K 3/4) **Hotel Tivoli**
1956 nach den Plänen des Architekten Pardal Monteiro erbaut. Große freundliche Zimmer mit Klimaanlage. Im 6. Stock eines der besten Restaurants Lissabons mit traumhaftem Blick über die Stadt.
Av. da Liberdade 185
Tel. 213 19 89 00
Fax 213 19 89 50
htlisboa@mail.telepac.pt
www.tivolihotels.com €€€

(L 5) **Hotel VIP Eden Lisboa**
Das gegen heftige Widerstände der Cineasten (Wim Wenders!) umgebaute Eden-Kino. Terrasse mit Schwimmbad. Für ein luxuriöses Hotel günstig.
Praça dos Restauradores 24
Tel. 213 51 66 00
Fax 213 21 66 66
aparthoteleden@viphotels.com
www.viphotels.com €€

(I 2) **Le Meridien Parc Atlantic**
Moderner Glaspalast am Parque Eduardo VII. Freundliche Atmosphäre, helle geräumige Zimmer, in den oberen Stockwerken mit grandiosem Blick über die Stadt. Hervorragender Service.
R. Castilho 149
Tel. 213 81 87 00
Fax 213 89 05 05
reserva.lisboa@lemeridien.pt
www.lemeridien.com €€€

(G 6) **Lapa Palace**
Lissabons wohl schönstes Hotel. Ruhige Lage im Diplomatenviertel Lapa mit Blick auf das andere Tejo-Ufer. Der Palast des Grafen von Valença (1870 erbaut) wurde 1992 in ein Luxus-Hotel umgebaut und um einen Flügel mit fünf prachtvollen Suiten erweitert, die alle individuell dekoriert sind.
R. do Pau de Bandeira 4
Tel. 213 94 94 94
Fax 213 95 06 65
info@lapa-palace.com
www.lapa-palace.com €€€

(b 2) **Pestana Palace Hotel**
Gilt als das prächtigste und luxuriöseste Hotel Lissabons. 1991-2001 in dem ehemaligen Palácio Valle Flor von 1890 (Nationaldenkmal) untergebracht. Neoklassizistischer Prunk liebevoll restauriert. Fitnessraum, Sauna, zwei Schwimmbäder. Gartenanlage mit Restaurant.
R. Jau 54,
Tel. 213 61 56 00
Fax 213 61 56 01
carlton.palace@pestana.com
www.pestana.com €€€

GEHOBENE KATEGORIE

(K 3/4) **Hotel Tivoli Jardim**
Die kleine Schwester des Luxushotels Tivoli liegt an der von Lissabons Prachtboulevard abgewandten Seite. Hier ist es ruhiger, vor allem wenn man eines der hinteren Zimmer (das sind die mit den geraden Nummern) ergattern konnte. Toller Blick auf den Botanischen Garten. Einige Zimmer sind Nichtrauchern vorbehalten.
Av. da Liberdade 185
Tel. 213 19 89 00
Fax 213 19 89 50
htlisboa@mail.telepac.pt
www.tivolihotels.com €€

(K 2) **Hotel Miraparque**
Trotz der zentralen Lage sehr ruhig. Die meisten Zimmer mit Blick auf den Parque Eduardo VII. Hübsche Zimmer im Stil der 60er Jahre, 1997 renoviert. Aufmerksamer Service.
Av. Sidónio Pais 12
Tel. 213 52 42 86
Fax 213 57 89 20
hotel@miraparque.com
www.miraparque.com €€

(A 3) **Hotel Lisboa Regency Chiado**
Reizvolle Lage: wunderbarer Blick aus den obersten Stockwerken auf die Baixa und das Castelo S. Jorge.
R. Nova do Almada 114
Tel. 213 25 61 00
Fax 213 25 61 61
reservations.chiado@madeiraregency.pt
www.regency-hotels-resorts.com €€

(M/N 5) **Albergaria Senhora do Monte**
Besticht durch seine Lage: hoch am Hang von Alfama gelegen, schöner Blick auf die Altstadt und den Tejo. Zimmer mit Veranda und Tejo-Blick gegen Aufpreis. Das Frühstück ist eher bescheiden.
Calçada do Monte 39
Tel. 218 86 60 02
Fax 218 87 77 83, senhoradomonte@hotmail.com €€

(G 6) **Residencial As Janelas Verdes**
Eine Pension der feinen Art in einem herrschaftlichen Haus des 18. Jhs., das früher einmal dem Schriftsteller Eça de Queiroz (dem Zola Portugals) gehört hat. Luxuriöses, palastähnliches Ambiente.
R. das Janelas Verdes 47
Tel. 213 96 81 43
Fax 213 96 81 44
jverdes@heritage.pt
www.heritage.pt €€

(K 3) **Hotel Veneza**
Es nennt sich stolz „das luxuriöseste Hotel Lissabons". In der Tat ist die pompöse Fin-de-siècle Ausstattung beeindruckend. Die Zimmer selbst sind schlicht gehalten.
Av. da Liberdade 189
Tel. 213 52 26 18
Fax 213 52 66 78
3k.hoteis@mail.telepac.pt
www.3khoteis.com €€

PREISWERTE UNTERKÜNFTE

(B 1) **Hotel Portugal**
Gepflegtes, elegantes Hotel. Das Gebäude aus dem Jahre 1872 mit seinen hohen Stuckdecken wurde gründlich renoviert. Schöne Badezimmer.
R. João das Regras 4
Tel. 218 87 75 81
Fax 218 86 73 43
www.hotelportugal.com €

(K 5) **Pensão Londres**
Große Räume, die meisten mit Dusche. Die hinteren Räume im 3. Stock haben Blick auf den Tejo. Gutes Frühstück. Im Erdgeschoss die Pastelaria S. Roque mit Jugendstilfliesen und leckerem Kuchen.
R. D. Pedro V 53-2º
Tel. 213 46 22 03
Fax 213 46 56 82
pensaolondres@pensaolondres.com.pt
www.pensaolondres.com.pt €

(K 5) **Residencial Camões**
Ausgezeichnetes Preis-Leistungs-Verhältnis. Freundliche Räume mit Dusche zu günstigen Preisen. Wegen der lauten Umgebung ist das Haus vor allem für Nachtschwärmer geeignet.

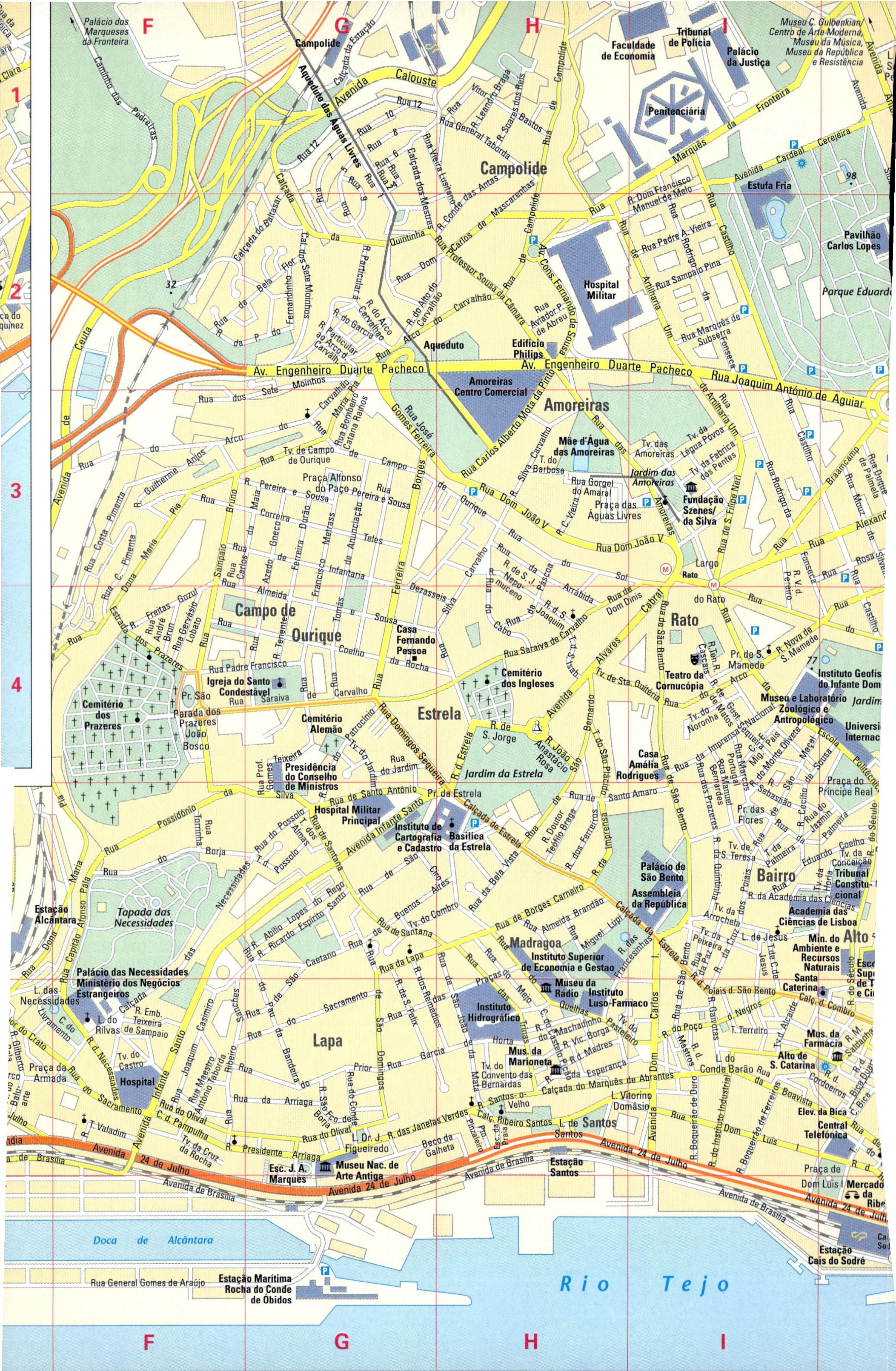

F
G
H
I
1
2
3
4
Palácio dos Marqueses da Fronteira
Campolide
Calçada da Estação
Avenida Calouste
Aqueduto das Águas Livres
Faculdade de Economia
Tribunal de Polícia
Palácio da Justiça
Museu C. Gulbenkian/ Centro de Arte Moderna, Museu da Música, Museu da República e Resistência
Penitenciária
Rua Marquês da Fronteira
Caminho dos Pedreiras
Rua General Taborda
Rua Soares dos Reis
Rua Leandro Braga
Rua Vitor Bastos
Campolide
Calçada dos Mestres
Rua Vieira Lusitano
Rua Conde das Antas
Rua Carlos de Mascarenhas
Rua Professor Sousa da Câmara
Av. Cons. Fernando de Sousa
Estufa Fria
Avenida Cardeal Cerejeira
Rua Dom Francisco Manuel de Melo
Rua Padre A. Vieira
Rua Sampaio Pina
Rua Rodrigo da Fonseca
Rua Castilho
Rua Marquês de Subserra
Pavilhão Carlos Lopes
Parque Eduardo
Hospital Militar
Calçada do Baltasar
Cal. dos Sete Moinhos
Rua Particular
Rua do Carvalhão
Rua Aviador P. de Abreu
Aqueduto
Edifício Philips
Av. Engenheiro Duarte Pacheco
Rua Joaquim António de Aguiar
Amoreiras Centro Comercial
Amoreiras
Rua Carlos Alberto Mota da Pinto
Rua dos Sete Moinhos
Ceuta
Avenida de Ceuta
Rua do Arco do Carvalhão
Rua Maria Pia
Rua José Gomes Ferreira
Rua Silva Carvalho
Mãe d'Água das Amoreiras
T. do Barbosa
Tv. das Amoreiras
Tv. da Légua Póvoa
Tv. da Fábrica dos Pentes
Jardim das Amoreiras
Fundação Szenes/ da Silva
Rua Gorgel do Amaral
Praça das Águas Livres
Rua Dom João V
Rua Braamcamp
Rua Duque de Palmela
Rua Mouz. da Silveira
Rua Alexandre Herculano
Tv. de Campo de Ourique
Praça Alfonso do Paço
Rua Pereira e Sousa
Rua Correia Teles
Rua Guilherme Anjos
Rua Costa Pimenta
Rua C. Pimenta
Rua Dona Maria
Rua Sampaio e Bruno
Rua Carlos da Maia
Rua Azedo Gneco
Rua Ferreira Durão
Rua Francisco Metrass
Rua de Infantaria
Rua Almeida e Sousa
Rua Tomás da Anunciação
Rua Ferreira Borges
Rua Dezasseis
Rua Silva Carvalho
Rua do Sol ao Rato
Largo do Rato
Rua da Escola Politécnica
Rua de S. Bento
Rato
Rua Nova de S. Mamede
Campo de Ourique
Rua Coelho da Rocha
Casa Fernando Pessoa
Rua Saraiva de Carvalho
Rua Freitas Gazul
Rua André Brun
Rua Gervásio Lobato
Estrada dos Prazeres
Rua Padre Francisco
Igreja do Santo Condestável
Rua Tenente Valadim
Pr. São João Bosco
Cemitério dos Prazeres
Parada dos Prazeres
Cemitério Alemão
Cemitério dos Ingleses
Estrela
Jardim da Estrela
R. de S. Jorge
Av. Alvares Cabral
Teatro da Cornucópia
Museu e Laboratório Zoológico e Antropológico
Instituto Geofísico do Infante Dom Luis
Jardim Botânico
Universidade Internacional
Casa Amália Rodrigues
Rua de Santo Amaro
Rua Domingos Sequeira
Presidência do Conselho de Ministros
Hospital Militar Principal
Instituto de Cartografia e Cadastro
Basílica da Estrela
Calçada da Estrela
Rua Possidónio da Silva
Rua Borja
Rua do Possolo
Rua de Santana
Avenida Infante Santo
Palácio de São Bento
Assembleia da República
Praça do Príncipe Real
Bairro Alto
Academia das Ciências de Lisboa
Tribunal Constitucional
Estação Alcântara
Tapada das Necessidades
Rua das Necessidades
Rua de Borges Carneiro
Rua Almeida Brandão
Rua Miguel Lupi
Madragoa
Instituto Superior de Economia e Gestão
Museu da Rádio
Instituto Luso-Farmaco
Instituto Hidrográfico
Palácio das Necessidades
Ministério dos Negócios Estrangeiros
L. das Necessidades
Calçada do Livramento
Rua do Crato
Praça da Armada
Hospital
Lapa
Rua do Sacramento
Rua de São Domingos
Rua da Lapa
Rua de Buenos Aires
Rua do Prior
Rua Garcia
Mus. da Marioneta
Convento das Bernardas
Rua das Janelas Verdes
Museu Nac. de Arte Antiga
Esc. J. A. Marques
Santos
Estação Santos
Avenida 24 de Julho
Avenida de Brasília
Rua da Esperança
Calçada do Marquês de Abrantes
L. Vitorino Damásio
Rua do Poço dos Negros
Conde Barão
Rua da Boavista
Rua Dom Luis I
Elev. da Bica
Central Telefónica
Mus. da Farmácia
Alto de S. Catarina
Praça de Dom Luis I
Mercado da Ribeira
Estação Cais do Sodré
Doca de Alcântara
Estação Marítima Rocha do Conde de Óbidos
Rua General Gomes de Araújo
Rio Tejo

Travessa do Poço da Cidade 38
Tel. 213 46 75 10
Fax 213 46 40 48 €

(L 5) **Pensão Portuense**
Gepflegte kleine Pension mit familiärer Atmosphäre. Moderne Räume mit Dusche oder Bad.
R. das Portas de Santo Antão 151, Tel. 213 46 41 97
Fax 213 42 42 39
rportuense@mail.telepac.pt €

(C 1) **Pensão Ninho das Águias**
Der Name ist treffend: Wie ein Adlernest hängt die Pension unter dem Castelo São Jorge und bietet einen großartigen Ausblick. Große Zimmer und Gemeinschaftsbad. Ohne Frühstück.
Costa do Castelo 74
Tel. 218 85 40 70 €

(C 3) **Pensão São João da Praça**
Beste Lage gleich neben der Kathedrale. Gepflegte helle Räume, einige mit Kühlschrank.
R. São João da Praça 97-2°
Tel. 218 86 25 91
Fax 218 88 04 15 €

(A 1) **Pensão Praça da Figueira**
Gilt als beste Pension an der Praça da Figueira, auf die man von einigen Zimmern einen schönen Blick hat. Einfache, aber saubere Räume, die meisten mit Dusche.
Travessa Nova de São Domingos 9-3E
Tel. u. Fax 213 42 43 23
rrcoelho@clix.pt €

(K 4) **Pensão Residencial 13 da Sorte**
Die „Glücksnummer 13". Und Glück muss man haben, um eines der wenigen Zimmer (es sind 22) dieser netten Pension zu erhalten. Wegen seiner zentralen und trotzdem ruhigen Lage sehr gefragt.
R. do Salitre 13
Tel. 213 53 97 46
Fax 213 53 18 51 €

TIPP: AUSSERHALB

(b 1) **Quinta de Sant'Ana**
Das Herrenhaus aus dem 18. Jahrhundert gehörte einst König Dom Luis. Heute bewirtschaften Anna von Fürstenberg und ihr Mann James Frost das Landgut in der Nähe des Klosters Mafra, gut 40 Kilometer vor Lissabon entfernt. Das Anwesen gehört zu den „Casas Nobres" (zu buchen über www.olimar.com), einer Reihe von Adelssitzen, die teilweise sehr originelle, mit Antiquitäten möblierte Zimmer und Familienanschluss bieten. Besser kann man die Lebensart des portugiesischen Landadels nicht kennen lernen.
2665-113 Gradil
Concelho de Mafra
Tel. 261 96 12 24
Fax 261 96 24 86 €

Die Pastelaria versüßt den Aufenthalt in der Pensão Londres

(K 4) **Pensão Alegria**
Einfache, aber saubere Pension am Südrand des Alegria-Platzes Große Zimmer mit Bad.
Praça da Alegria 12
Tel. 213 22 06 70
Fax 213 47 80 70 €

(K 4) **Residencial Nova Avenida**
In einer kleinen ruhigen Straße gelegen. Gepflegte Räume. Einige wenige Zimmer haben keine Dusche. Sympathische, familiäre Atmosphäre.
R. Santo António da Glória 87
Tel. u. Fax 213 42 36 89 €

HOTEL-LEGENDEN

Das York House

Schon Graham Greene schätzte die besinnliche Atmosphäre in dem ehemaligen Kloster

Die Terrasse des York House wird auch als Restaurant genutzt

Ferien in der Ruhe und Abgeschiedenheit eines historischen Klosters mit dem Komfort und dem Luxus der Neuzeit mitten in der Großstadt – unmöglich, will man meinen. Doch hinter einer hohen rosa Mauer entlang der Rua das Janelas Verdes, nicht weit vom Museu de Arte Antiga, verbirgt sich dieses Kleinod. Schon der Zugang ist ungewöhnlich: durch ein kleines Tor in der rosa Mauer tritt man zuerst in einen lauschigen Klostergarten mit plätscherndem Brunnen und üppigem Grün. Auf der Terrasse speist man unter Palmen. Das von D. Eugénia geleitete Restaurant hat einen ausgezeichneten Ruf. Die 34 Zimmer liegen an langen klösterlichen Korridoren. Bei Renovierungsarbeiten hat man streng darauf geachtet, die alten Strukturen zu erhalten. Und wenn es nötig war, Wände einzureißen, so wurde zumindest die Holzkonstruktion belassen, die *gaiola* (Käfig), mit der das Gemäuer einst erdbebensicher gemacht werden sollte. Das York House ist natürlich keine Absteige für eilige Touristen, sondern eher für den Ruhe und Besinnung suchenden Reisenden. So wird das Hotel gern von Schriftstellern und Geistesschaffenden aufgesucht, die sich hier auf ihre Arbeit konzentrieren können, sei es in ihrer Klause, sei es in der Stille des Klostergartens oder der gemütlichen kleinen Bibliothek. Große Namen zieren das Gästebuch, von Raúl Brandão über Vieira da Silva bis Graham Greene. Doch nicht immer war die Geschichte des Hauses legendär. Die eigentliche Hotelgeschichte beginnt 1880, als zwei englische Damen daraus eine Pension machten (daher der Name). Damals war es noch eine bescheidene Absteige der dritten Klasse. 1931 wurde diese dann von dem französischen Ehepaar Goldstein übernommen. Ab 1964 wurden dann systematisch die Erweiterungen und Renovierungen vorgenommen, die dem York House sein heutiges Gesicht verliehen. 1970 geriet das Projekt finanziell ins Schlingern, was verschärft wurde durch die Zwangseinweisung der *retornados*, die 1975 nach der Beendigung der Kolonialkriege aus den ehemaligen portugiesischen Besitzungen in Übersee ins Mutterland zurückkehrten. Doch seit 1981 herrscht wieder klösterlicher Frieden, und das York House bietet dem gestressten Besucher Lissabons einen ruhigen Platz der Einkehr und Entspannung.

(G/H 6) R. das Janelas Verdes 32, Tel. 213 96 24 35
Fax 213 97 27 93, yorkhouse@hlcmm.pt
www.yorkhouselisboa.com €€

Sehenswert

Alfama .... C/D 2/3
Aqueduto das Águas
Livres G1-I 3
Baixa .... A/B 2/3
Cais das Colunas .... B 4
Câmara Municipal .... A 4
Casa dos Bicos .... C 3
Castelo São Jorge .... C 1/2
Chiado .... K/L 6
Elevador da Bica .... K 6
Elevador da Glória .... K/L 5
Elevador do Lavra .... L 4/5
Elevador de Santa Justa .... A 2
Estação Cais do Sodré .... K 7
Estufa Fria .... I 1/2
Feira da Ladra (Flohmarkt) ... E 1
Mãe d'Água .... H 3
Mercado da Ribeira .... K 7
Palácio Foz .... L 5
Palácio dos Marqueses
de Fronteira .... F 1
Palácio de São Bento .... I 5
Panteão Nacional .... O 6
Ponte 25 de Abril .... D 7

Aussichtspunkte

Alto de Santa Catarina .... I/K 6
Miradouro da Graça .... M/N 5
Miradouro Santa Luzia .... D 2
Miradouro São Pedro
de Alcântara .... K 5
Miradouro da
Senhora do Monte .... M 4/5

Straßen und Plätze

Avenida da Liberdade .... K 3-L 5
Cais do Sodré .... K 7
Largo das Portas do Sol .... D 2
Praça do Comércio .... B 4
Praça da Figueira .... A/B 1/2
Praça Marquês
de Pombal .... K 2/3
Praça do Príncipe Real .... K 4/5
Praça dos Restauradores .... L 5
Rossio .... A 1/2
Rua da Atalaia .... K 5/6
Rua Augusta .... A 2-B 3
Rua do Carmo .... A 2/3
Rua Garrett .... L 6
Rua de Loreto .... K 6

Kirchen

Basilica da Estrela .... H 5
Igreja do Carmo .... L 6
Igreja da Graça .... N 5
Nossa Senhora dos Anjos .... M 3
Nossa Senhora da
Conceição Velha .... B/C 3
Santa Catarina .... I/K 6
Santo António .... C 3
Santo Estêvão .... D/E 2
São Domingos .... A 1
São João da Praça .... D 3
São José .... L 4
São Miguel .... D 3
São Roque .... K 5
São Vicente de Fora .... D/E 1
Sé (Kathedrale) .... C 3

Museen

Casa Amália Rodrigues .... I 4
Casa Dr. Anastásio
Gonçalves .... L 1
Casa Fernando Pessoa .... G 4
Casa do Fado e da
Guitarra Portuguesa .... E 3
Fundação Arpad Szenes/
Vieira da Silva .... I 3
Museu Arqueológico .... L 6
Museu de Arte Sacra .... K/L 5
Museu de Artes
Decorativas .... D 2
Museu C. Gulbekian .... I/K 1
Museu do Chiado .... L 6
Museu da Cidade .... L 1
Museu da Farmácia .... K 6
Museu da Marioneta .... H 6
Museu da Música .... I/K 1
Museu da Rádio .... H 6
Museu da República e
Resistência .... I/K 1
Museu Militar .... N/O 6
Museu Nacional de
Arte Antiga .... G 6/7

Parks, Gärten, Friedhöfe

Cemitério dos Ingleses .... H 4
Cemitério dos Prazeres .... F 4/5
Jardim das Amoreiras .... I 3
Jardim Botânico .... K 4
Jardim da Estrela .... H 4/5
Parque Eduardo VII .... I/K 1/2
Tapada das Necessidades .... F 5

MERIAN

Heft 5/2004, Mai, Erstverkaufstag dieser Ausgabe ist der 22.04.2004

MERIAN erscheint monatlich im Jahreszeiten Verlag GmbH, Poßmoorweg 5, 22301 Hamburg
Tel. 040/27 17-0, Fax 040/27 17-20 56 **Anschrift der Redaktion:** Harvestehuder Weg 42, 20149 Hamburg
Postfach 130444, 20139 Hamburg, E-Mail: Redaktion@Merian.de, Tel. 040/441 88-231, 441 88-240
Fax 040/441 88-310 **Website:** www.merian.de **Leserservice:** Postfach 601220, 22212 Hamburg
Tel. 040/87 97 35 40, Fax 040/27 17 - 20 79

Herausgeber: Manfred Bissinger
Chefredakteur: Andreas Hallaschka
Art Directorin: Sabine Lehmann **Chef vom Dienst:** Tibor M. Ridegh **Redakteure:** Kathrin Sander
Charlotte von Saurma, Thomas Gebhardt (freie Mitarbeit), Thorsten Kolle (freie Mitarbeit)
Redakteur dieses Heftes: Thorsten Kolle **Schlussredaktion:** Tibor M. Ridegh, Jasmin Wolf (stv.)
Layout: Cornelia Böhling, Ingrid Koltermann, Dorothee Schweizer (stellv. Art-Direktorin)
Bildredaktion: Hanni Rapp, Michael Kleehaupt (freie Mitarbeit), Eva M. Ohms, Maria von Rospatt (freie Mitarbeit)
Bildredakteurin dieses Heftes: Hanni Rapp **Kartographie:** Peter Münch
Dokumentation: Jasmin Wolf, freie Mitarbeit: Claudia Schmidt, Petra Wiechmann, Andrea Wolf
Mitarbeit: Dagny Eggert, Helmut Golinger, Anne Kathrin Reiter
Herstellung: Karin Harder **Redaktionsassistenz:** Sabine Birnbach, Katrin Eggers, Sabine Richter (freie Mitarbeit)
Geschäftsführung Premium Magazine: Peter Rensmann
Gesamt-Anzeigenleitung: Roberto Sprengel **Anzeigenleitung:** Christel Janßen
Anzeigenstruktur: Patricia Hoffnauer **Marketing:** Kenny Machaczek, Ulrich Rieger, Sonja Wünkhaus
Vertriebsleitung: Jörg-Michael Westerkamp (Zeitschriftenhandel), Thilo Heller (Buchhandel)
Verantwortlich für den redaktionellen Inhalt: Andreas Hallaschka
Verantwortlich für Anzeigen: Roberto Sprengel

Verlagsbüros Inland:
Hamburg: Tel. 040/27 17-25 95, Fax -2520, E-Mail: vb-hamburg@jalag.de
Berlin: Tel. 030/80 96 23-60, Fax -70, E-Mail: vb-berlin@jalag.de
Hannover: Tel. 0511/85 61 42-0, Fax -19, E-Mail: vb-hannover@jalag.de
Düsseldorf: Tel. 0211/901 90-0, Fax -19, E-Mail: vb-duesseldorf@jalag.de
Frankfurt: Tel. 069/97 06 11-0, Fax -44, E-Mail: vb-frankfurt@jalag.de
Stuttgart: Tel. 0711/966 66-520, Fax -22, E-Mail: vb-stuttgart@jalag.de
München: Tel. 089/99 73 89-30, Fax -44, E-Mail: vb-muenchen@jalag.de

Repräsentanzen Ausland:
Basel: Intermag AG, Tel. +4161/275 46-09, Fax -10, E-Mail: info@intermag.ch
Brüssel: Publicitas Media, Tel. +322/639 84-29, Fax -40, E-Mail: ibellis@publicitas.com
Danderyd: Annonsbolaget JB Media AB, Tel. +46/8753 96 04, Fax 708753240, E-Mail: anette@annonsbolaget.se
Frederiksberg: Jungersted & Brostrøm, Tel. +45/33 22-20 20, Fax -9959, E-Mail: gitte.schuler@jbmedia.dk
London: The Powers Turner Group, Tel. +44 20/7630 99 66 Fax 76 30 99 22, E-Mail: cweiss@publicitas.com
Mailand: Media & Service International Srl, Tel. +39 02/48 00 61 93, Fax 48 19 32 74, E-Mail: info@it-mediaservice.com
Paris: International Magazine Company, Tel. +331/53 64 88 91, Fax 45 00 25 81, E-Mail: imc@international.fr
Madrid: AMB Publicidad y Marketing, S.L., Tel. +34 91/300-54 54, Fax -5181, E-Mail: ambp@retemail.es
Wien: Verlagsbüro Kepreda, Tel. +43 1/87 71 78-2, Fax 877 87 11, E-Mail: 1@kepreda-jahreszeitenverlag.at
New York: The Russell Group Ltd., Tel. +12 12/213 11-55, Fax -60, E-Mail: info@russellgroupltd.com

Die Premium Magazin Gruppe im Jahreszeiten Verlag

A&W Architektur & Wohnen · COUNTRY · DER FEINSCHMECKER · WEIN Gourmet · MERIAN

Gülige Anzeigenpreisliste: Nr. 37d

Weitere Titel im Jahreszeiten Verlag: Für Sie, petra, vital, PRINZ, A&W Architektur & Wohnen, COUNTRY, DER FEINSCHMECKER, WEINGourmet, schöner reisen, ZuhauseWohnen, SelberMachen
Litho: Alphabeta Druckformdienst GmbH, Hamburg. Druck und Verarbeitung: heckel GmbH, Nürnberg, schlott Gruppe
ISBN: 3-7742-6905-X, ISSN 0026-0029 MERIAN (USPS No. 011-458) is published monthly. The subscription price for the USA is $ 110 per annum. K.O.P.: German Language Publications, Inc., 153 South Dean Street, Englewood NJ 07631. Periodicals postage is paid at Englewood NJ 07631, and at additional mailing offices. Postmaster: send address changes to: MERIAN, German Language Publications, Inc. 153 South Dean Street, Englewood NJ 07631.

JAHRES ZEITEN VERLAG

Ein Unternehmen der
GANSKE VERLAGSGRUPPE

Der Titel zeigt das Denkmal *Padrão dos Descobrimentos*, fotografiert von Lukas Spörl

Bildnachweis

Anordnung in Layout: o = oben, u = unten, r = rechts, l = links, m = Mitte.
Fotos: Titel Lukas Spörl; S. 3 ol Michael Müller, or L.Spörl; S. 4 Marei Wenzel; S. 4/5 Artvertise Fotodesign; S. 5 ml, ul Leona Goldstein, mr, ur Barbara Löschnig; S. 8 ol cemporcentofoto, or Bernd Müller; S. 10 o Sabine Korth, m Sandra Rocha/Kameraphoto/ Ostkreuz, ul M. Wenzel, ur L. Spörl; S. 12 o Jonathan Becker/ Contact/ Focus, u L. Spörl; S. 15-18 L. Spörl; S. 19 Guy Vanderelst/Getty Images; S. 20/21 M. Wenzel; S. 22-23 L. Spörl; S. 24 o B. Löschnig, u L. Spörl; S. 25 L. Spörl; S. 29 von l nach r AKG, Bridgeman Giraudon, AKG, AKG; S. 30-37 L. Goldstein; S. 38/39, S. 40 r, S. 41 l, S. 42 r L. Spörl; S. 41 r Tony Arruzo/Corbis; S. 42 l L. Goldstein; S. 44-48, S. 50/51, S. 51 u, S. 52-54 B. Löschnig; S. 49, S. 51 o L. Spörl; S. 56/57, S. 58 L. Spörl; S. 58/59 DK Images; S. 59 Roland Irek; S. 60 o KM Europa Metall, u L. Spörl; S. 62/ 63 L. Goldstein; S. 64 M. Wenzel; S. 66-69 M. Wenzel; S. 70-71 L. Goldstein; S. 72 ml Werner Huthmacher; S. 72 mr, ul, ur L. Goldstein; S. 73, S. 76 N. Kustos; S. 74/75 Karl-Heinz Raach; S. 77 ol, r Bo Zaunders/Corbis, ml L. Goldstein; S. 78-79 L. Spörl; S. 84-92 Catherine Rocke; S. 94-96 L. Spörl; S. 98-104 M. Wenzel; S. 106 Reuters/ Ullstein Bilderdienst; S. 107 IFA; S. 108 Barbara Klemm; S. 110/111, S. 111 o, m L. Spörl; S. 111 u L. Spörl; S. 112/113 Planetobserver.com M-Sat; S. 114 L. Spörl; S. 115 mr L. Goldstein, ul L. Spörl, ur N. Kustos; S. 116 L. Spörl; S. 117 B. Löschnig; S. 118 l IFA, r Thomas Willemsen; S. 119 l N. Kustos, r Picker/ Schapowalow; S. 120 l Klaus-D. Francke/Bilderberg, r L. Spörl; S. 121, S. 122 l Fausto Giaccone/ Anzenberger; S. 122 r A. Pacciani/ Anzenberger; S. 124 r Melanie Dreysse/Laif; S. 125 L. Goldstein; S. 126 L. Spörl; S. 128 o M. Wenzel, u L. Spörl; S. 130 AKG; S. 134 o L. Goldstein, u M. Wenzel; S. 135 o F. Giaccone/Anzenberger; S. 136 l F. Giaccone/ Anzenberger, r M. Wenzel; S. 138 l Marc-Oliver Schulz, ur Walter Schmitz

In bestem Licht: Wernigerodes Rathaus gehört zu den TopTen unter den Harzer Sehenswürdigkeiten

Auf schmaler Spur: Die Selketalbahn fährt von Eisfelder Talmühle nach Gernrode

Aus luftiger Höhe: Früh übt sich, wer später Meister der Großschanze werden will

Zuletzt erschienen:

April 2004

März 2004

Februar 2004

Januar 2004

Dezember 2003

November 2003

Der Harz

Aus dem Inhalt dieses Heftes:

- Stadtansichten: Schönheiten im Fachwerk- und Schiefer-Look
- Kaiserring: In Goslar triumphiert moderne Kunst
- Brocken: Ein Berg wird Pilgerziel
- Mattenspringen: Flug-Schüler vor dem Schanzenrekord
- Reise-Kaiser: Im frühen Mittelalter von Pfalz zu Pfalz
- Schmalspurbahnen: Dampfrösser bergan und bergab

Freuen Sie sich auf die nächsten MERIAN-Ausgaben:
Athen, Masuren, Rom, Hongkong, London